슬기로운 유학생의
한국어 말하기

대학생활 편

『슬기로운 유학생의 한국어 말하기』를 펼치며

배운 대로 말할 수 있는가? 대부분의 수업에서 교사와 학생은 이 사실을 믿는 것처럼 보인다. 그러나 언어 사용 현실에서는 불행히도 배운 대로 말할 수 없다. 앵무새를 두고 유능하다고 하는 이는 없다. 살면서 말할 상황은 수천수만 가지이므로, 각 상황에 가장 적절한 말을 스스로 만들어 낼 수 있는 이를 우리는 유능한 화자라고 한다.

한국어 교사는 학습자들이 노력하고 있다고 믿는다. 학습자 요구에 맞고 교육적으로 가치로운 내용을 제공할 때 학습자들은 성실하게 배울 것이라 여긴다. 그러하다면 학습자를 신뢰하는 한국어 교실은 학습자가 시간 가는 줄 모르고 참여하는 모습이어야 하지 않은가? 학습자가 몰입하게 하려면 학습자가 생각하고 참여할 거리를 충분히 제공해야 한다. 더욱이 한국어 말하기 교실이라면 더 말하여 무엇하랴.

한국에 온 유학생을 25년간 지켜보면서, 유학생들이 성공적인 유학 생활을 마칠 수 있도록 하려면 무엇이 필요한지 많이 생각하였다. 그 결과로 필자들은 세 가지를 되새겼다. 첫째, 학부 유학생들 대상 말하기 수업에서 활용될 내용은 대학 수학에 기여하는 것이어야 한다. 이것이 어학 훈련 과정의 말하기 수업과는 다른 점이다. 둘째, 다른 문화권에서 초 · 중등교육을 받아온 유학생들이 한국의 고등교육기관에서 공부하는 데 정보가 많이 필요하다. 학부생을 대상으로 한 말하기 수업에서는 이러한 귀한 정보를 자료로 삼아야 한다. 셋째, 표현 의지를 가진 학습자라면 우선 자발적으로 발화해 볼 수 있고 교사와 교재는 이러한 학습자를 돕는 구조여야 한다. 배운 대로 말하게 하는 연습이 아니라, 배우고 적용하며 배운 것을 운용할 수 있는 학습자가 되는 것이 필요하다.

현재까지 출간된 말하기 교재는 많다. 유학생 대상임을 밝힌 교재도 많다. 그러나 학부 유학생의 기초 교양과목으로서의 말하기 수업에 특화된 교재는 많지 않다. 이 책은 제목에서 밝힌 바 그대로, 범용 일상생활을 주제나 소재로 삼지 않고 철저하게 대학 생활과 대학에서의 수업을 주요 장면으로 삼았다. 그리하여 대학 생활의 여러 영역을 다룬 '대학생활 편'과, 대학 수업 영역을 집중적으로 살핀 '대학수업 편'으로 나누어 편찬하였다. '대학생활 편'은 대학 입학 기준인 3급의 학습자가 대학 캠퍼스와 강의실에 익숙하도록 하는 데 집중하여 저술하였다. '대학수업 편'은 평균 4급의 학습자가 전공 진입 전 단계에서 학업 수행에 필요한 기초를 충실히 배워 나갈 수 있게 하는 데 초점을 맞추었다.

우리는 우리의 학생들이 대학의 교양과목과 전공과목을 훌륭하게 이수하는 유학생이 되기를 바란다. 말 그대로 '학업(學業)'을 충실히 수행하려는 슬기로운 유학생들을 기대한다. 외국어 말하기란 학업을 수행하는 도구 교과의 하나이지만, 한국어 말하기가 유학생의 학업 수행에서 열쇠가 되어준다면 그 얼마나 가치로운 도구인가? 이 책이 곧 묵직한 그 열쇠 꾸러미가 될 것이라 믿는 바이다.

2021년 새해에 새로운 바람을 담아,
대학생활 편 저자를 대표하여 서희정

일러두기

이 책은 슬기로운 유학생을 위한 한국어 말하기 교재 중 '대학생활 편'입니다. 학부 유학생들이 한국 대학 생활에 필요한 주제, 기능, 문법, 표현들을 함께 학습할 수 있도록 구성하였습니다. 그리고 대학 입학 기준인 한국어능력시험 3급 수준의 학습자가 대학 캠퍼스와 강의실에 익숙해지도록 하기 위하여 대화문을 토대로 한 활동과 학습자 중심의 과제를 제공하였습니다. 과제는 수업 시수, 학습자의 수준 등에 맞춰 선택적이며 유동적으로 적용할 수 있습니다.

이 책은 모두 여덟 과로 구성되어 있으며 각 단원은 '도입–대화–과제–표현–문화–확인' 순으로 되어 있습니다. 단원의 각 부분은 다음과 같이 활용할 수 있습니다.

❙ 도입

– 사진 및 그림을 보며 학습 내용에 대해 유추하여 말할 수 있습니다.

– 학습 내용과 관련된 질문에 자유롭게 답할 수 있습니다.

– '이 단원에서 무엇을 배울까?'에서는 각 단원의 학습 목표를 알 수 있습니다.

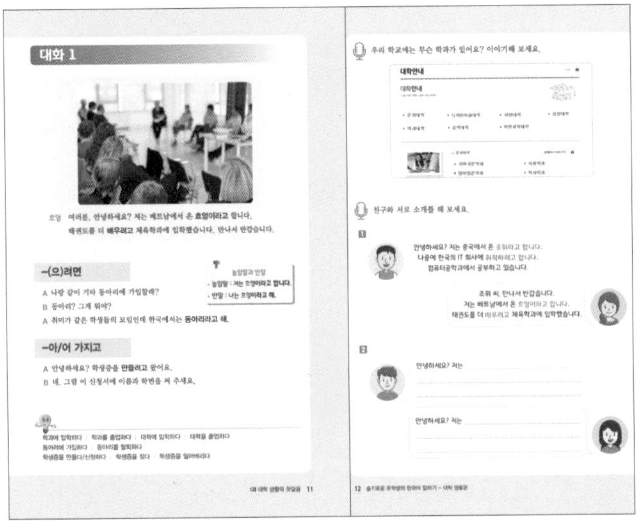

❙ 대화

– 대화는 대화1과 대화2로 구성됩니다.

– 학습 내용과 관련된 기능을 대화를 통하여 배울 수 있습니다.

– 각 단원에서 대화에 필요한 문법을 네 가지씩 배울 수 있습니다.

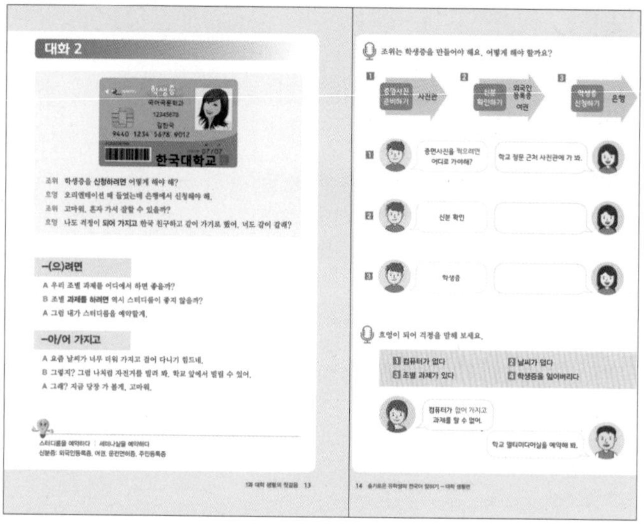

- 추가 표현을 통하여 대화 연습에 유용한 확장 표현을 배울 수 있습니다.
- 학습자의 실제 상황에 맞춰 짝 활동 및 소그룹 활동을 할 수 있습니다.

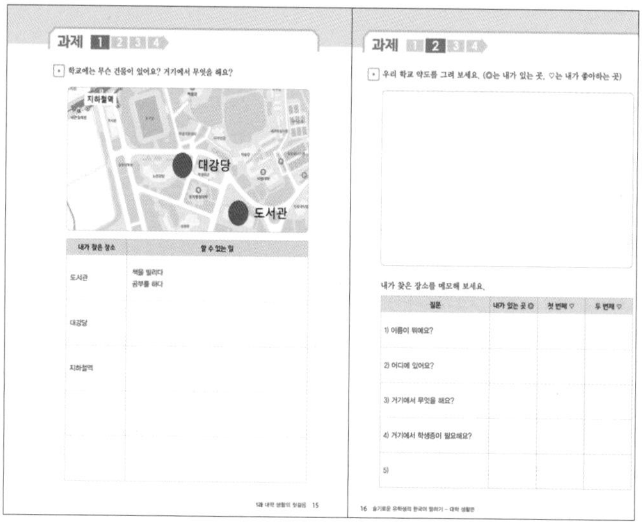

▌과제

- 과제에서는 대화에서 배운 기능, 문법, 표현을 사용하여 대학 생활에 필요한 과제를 해결하도록 할 수 있습니다.
- 과제①, 과제②는 과제 해결에 필요한 배경지식을 활성화하며 과제를 설계하는 단계입니다. 대화에서 학습한 어휘, 문법, 표현을 자연스럽게 활용할 수 있습니다.

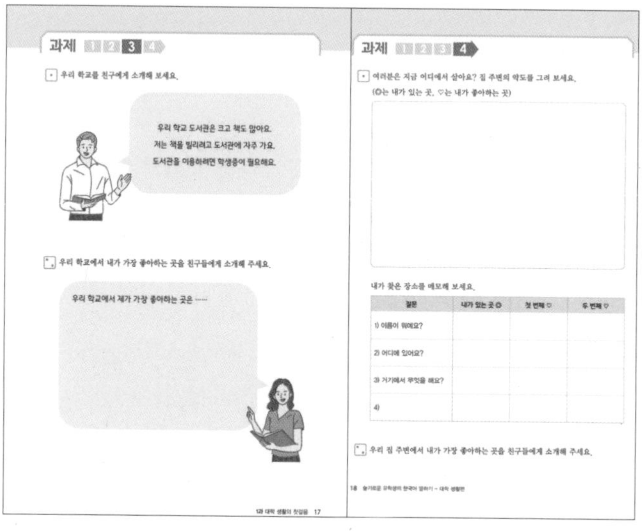

- 과제③, 과제④는 과제를 학습자의 상황에 맞춰 실제로 수행하는 단계입니다. 소그룹이나 학급 전체를 대상으로 발표 및 인터뷰를 할 수 있습니다.

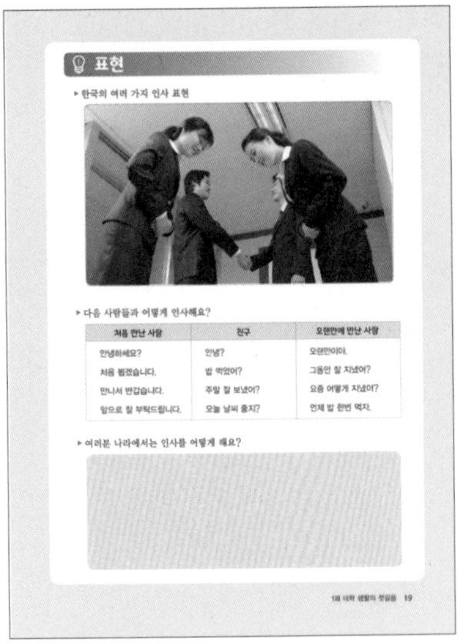

표현

- 표현에서는 대학 생활에서 활용도가 높은 다양한 표현을 배울 수 있습니다.
- 학습자들이 자주 궁금해 하는 기능별 유사 표현을 배울 수 있습니다.

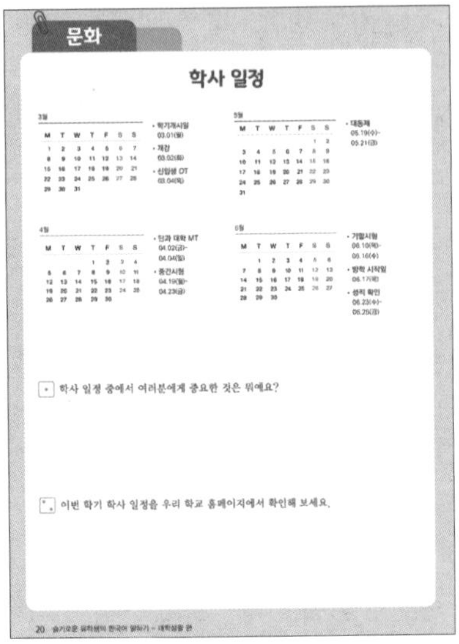

문화

- 문화는 각 단원의 학습 내용과 관련된 내용으로 구성됩니다.
- 슬기로운 대학 생활을 위하여 알아 두어야 할 생활 문화 및 대학 문화를 배울 수 있습니다.

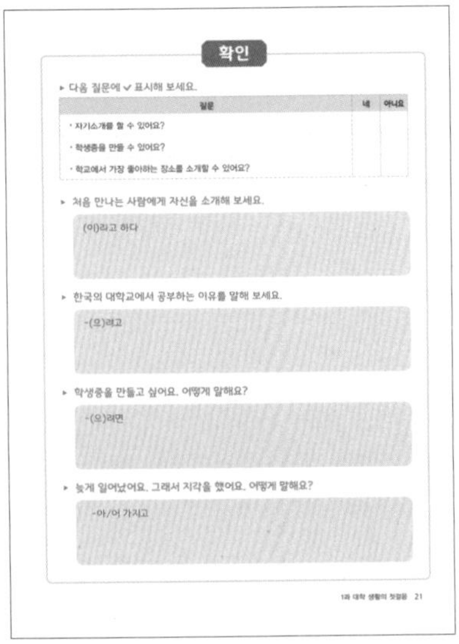

확인

- 각 단원의 학습 목표를 수행했는지 학습자가 스스로 점검할 수 있습니다.
- 각 단원의 학습 내용과 관련된 질문에 대해 학습자가 스스로 답을 하면서 학습 성취 여부를 확인할 수 있습니다.

목차

1과	대학 생활의 첫걸음	10
2과	대학 시설	24
3과	여가 활동	38
4과	건강	52
5과	대학 행사	66
6과	대외 활동	80
7과	자기 개발	94
8과	방학	108

단원 구성

단원명 \ 학습 내용	대화 1		대화 2
1과 대학 생활의 첫걸음	학교 소개하기 자기소개하기	(이)라고 하다 –(으)려고	학생증 만들기
2과 대학 시설	학교 시설 이용 안내하기	–아/어 놓다 –(으)면 안 되다	학교 시설 이용 제안하기
3과 여가 활동	공강 시간 활용하기	–(으)ㄴ 다음(에) –고 해서	화자가 처한 상황 설명하기
4과 건강	불규칙한 생활 습관 말하기	–느라고 –아/어서인지	연속된 행동 말하기
5과 대학 행사	계획 바꾸어 말하기	–는 게 어때(요)? –(으)려다가	외국인 유학생을 위한 행사 설명하기
6과 대외 활동	대외 활동에 대해 조언 구하고 조언하기	–(으)ㄹ까 하다 –던데(요)	조언하기
7과 자기 개발	자기 개발을 위한 정보 나누기	–기는(요), 은/는(요) –(으)ㄴ/는 데다가	후회하는 일 말하기
8과 방학	관심 있는 활동 말하기	–다고?, (이)라고? –(으)ㄹ 텐데, 일 텐데	여행 계획 말하기

대화 2	과제	표현	문화
–(으)려면 –아/어 가지고	학교에서 가장 좋아하는 장소 소개하기	인사 표현	학사 일정
(이)라도 –아/어야겠다	학교 시설에 대해 건의하기	허락과 금지 표현	공공 예절
–는 중이다, 중이다 하도 –아/어서	동아리 만들고 홍보하기	진행 표현	동아리 가입 신청서
–고 말다 –자마자	생활 습관을 동영상으로 만들고 좋은 습관과 나쁜 습관에 대해 말하기	즉시 순차 표현	대학생의 스트 레스 해소 방법
–는다면서(요)? –(으)ㄹ걸(요), 일걸(요)	외국인 유학생 대상 행사 기획하고 발표하기	확인 표현	지역 축제
–지 그래(요)? –(으)ㄹ 뻔하다	자기 나라 소개하기	제안 표현	몸짓 언어
–다니, (이)라니 –았/었어야 했는데	대학생 인턴 채용 모의 면접 보기	추가 표현	대학생 창업 열풍
–(으)ㄴ/는 편이다 을/를 통해(서)	방학 계획 세워 발표하기	수단과 매개 표현	대학생의 방학 활동

1과
대학 생활의 첫걸음

1. 우리 학교에서 처음 간 곳은 어디예요?
2. 학교에서 어디에 자주 가요?
3. 거기에서 무엇을 할 수 있어요?

이 단원에서 무엇을 배울까?

- 처음 만난 사람에게 자기소개를 할 수 있다.
- 학교에서 가장 좋아하는 장소를 소개할 수 있다.

대화 1

흐엉 여러분, 안녕하세요? 저는 베트남에서 온 **흐엉이라고** 합니다.
태권도를 더 **배우려고** 체육학과에 입학했습니다. 만나서 반갑습니다.

(이)라고 하다

높임말과 반말

- 높임말 : 저는 **흐엉이라고 합니다.**
- 반말 : 나는 **흐엉이라고 해.**

A 나랑 같이 기타 동아리에 가입할래?

B 동아리? 그게 뭐야?

A 취미가 같은 학생들의 모임인데 한국에서는 **동아리라고** 해.

-(으)려고

A 안녕하세요? 학생증을 **만들려고** 왔어요.

B 네. 그럼 이 신청서에 이름과 학번을 써 주세요.

학과에 입학하다 | 학과를 졸업하다 | 대학에 입학하다 | 대학을 졸업하다
동아리에 가입하다 | 동아리를 탈퇴하다
학생증을 만들다/신청하다 | 학생증을 찾다 | 학생증을 잃어버리다

우리 학교에는 무슨 학과가 있어요? 이야기해 보세요.

친구와 서로 소개를 해 보세요.

1

안녕하세요? 저는 중국에서 온 조위라고 합니다.
나중에 한국의 IT 회사에 취직하려고 합니다.
컴퓨터공학과에서 공부하고 있습니다.

조위 씨, 만나서 반갑습니다.
저는 베트남에서 온 흐엉이라고 합니다.
태권도를 더 배우려고 체육학과에 입학했습니다.

2

안녕하세요? 저는 ______________________

____

____

안녕하세요? 저는 ______________________

____

____

대화 2

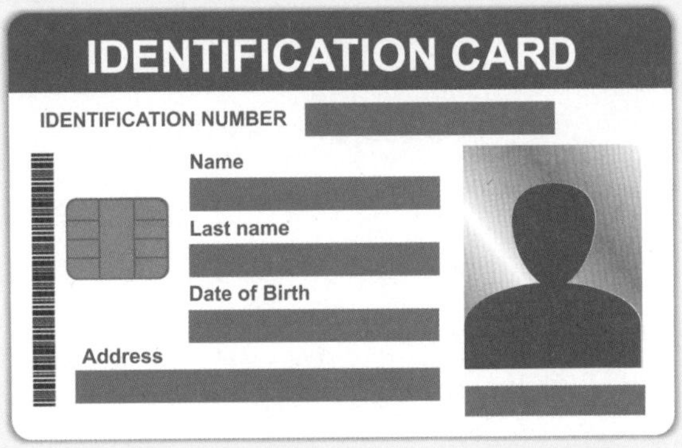

조위 학생증을 **신청하려면** 어떻게 해야 해?

흐엉 오리엔테이션 때 들었는데 은행에서 신청해야 해.

조위 고마워. 혼자 가서 잘할 수 있을까?

흐엉 나도 걱정이 **되어 가지고** 한국 친구하고 같이 가기로 했어. 너도 같이 갈래?

–(으)려면

A 우리 조별 과제를 어디에서 하면 좋을까?

B 조별 과제를 **하려면** 역시 스터디룸이 좋지 않을까?

A 그럼 내가 스터디룸을 예약할게.

–아/어 가지고

A 요즘 날씨가 너무 **더워 가지고** 걸어 다니기 힘드네.

B 그렇지? 그럼 나처럼 자전거를 빌려 봐. 학교 앞에서 빌릴 수 있어.

A 그래? 지금 당장 가 볼게. 고마워.

스터디룸을 예약하다 | 세미나실을 예약하다

신분증: 외국인등록증, 여권, 운전면허증, 주민등록증

조위는 학생증을 만들어야 해요. 어떻게 해야 할까요?

1

2

3

1

증명사진을 찍으려면 어디로 가야 해?

학교 정문 근처 사진관에 가 봐.

2

신분 확인

3

학생증

흐엉이 되어 걱정을 말해 보세요.

1 컴퓨터가 없다	2 날씨가 덥다
3 조별 과제가 있다	4 학생증을 잃어버리다

컴퓨터가 없어 가지고 과제를 할 수 없어.

학교 멀티미디어실을 예약해 봐.

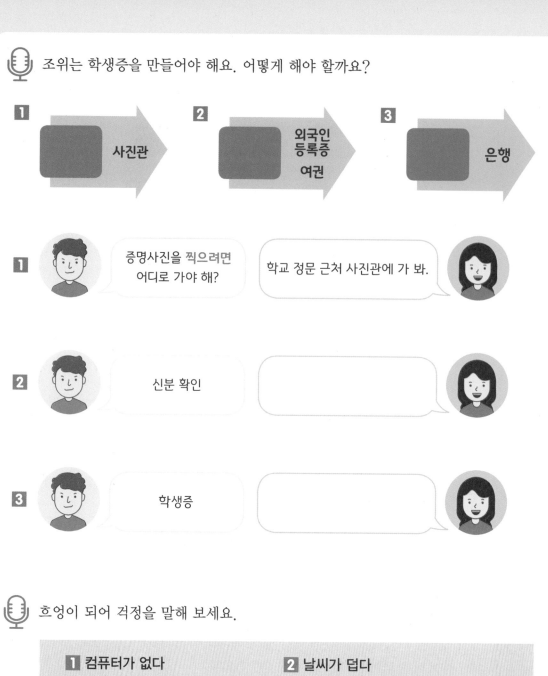

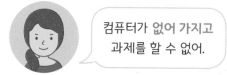

과제 1 2 3 4

• 학교에는 무슨 건물이 있어요? 거기에서 무엇을 해요?

내가 찾은 장소	할 수 있는 일
도서관	책을 빌리다 공부를 하다
대강당	
지하철역	

과제 1 2 3 4

● 우리 학교 약도를 그려 보세요. (내가 있는 곳 ◎, 내가 좋아하는 곳 ♡)

●● 내가 찾은 장소를 메모해 보세요.

질문	내가 있는 곳 ◎	첫 번째 ♡	두 번째 ♡
1) 이름이 뭐예요?			
2) 어디에 있어요?			
3) 거기에서 무엇을 해요?			
4) 거기에서 학생증이 필요해요?			
5)			

과제 1 2 3 4

⚀ 우리 학교를 친구에게 소개해 보세요.

우리 학교 도서관은 크고 책도 많아요.
저는 책을 빌리려고 도서관에 자주 가요.
도서관을 이용하려면 학생증이 필요해요.

⚁ 우리 학교에서 내가 가장 좋아하는 곳을 친구들에게 소개해 주세요.

우리 학교에서 제가 가장 좋아하는 곳은 ……

과제 1 2 3 4

⚀ 여러분은 지금 어디에서 살아요? 집 주변의 약도를 그려 보세요.
(내가 있는 곳 ◎, 내가 좋아하는 곳 ♡)

⚁ 내가 찾은 장소를 메모해 보세요.

질문	내가 있는 곳 ◎	첫 번째 ♡	두 번째 ♡
1) 이름이 뭐예요?			
2) 어디에 있어요?			
3) 거기에서 무엇을 해요?			
4)			

⚂ 우리 집 주변에서 내가 가장 좋아하는 곳을 친구들에게 소개해 주세요.

표현

▶ 한국의 여러 가지 인사 표현

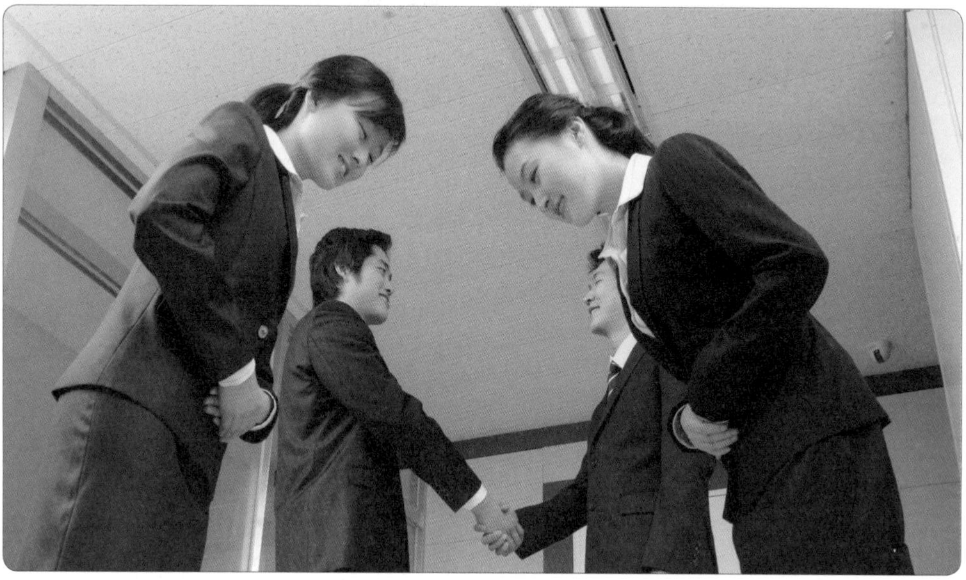

▶ 다음 사람들과 어떻게 인사해요?

처음 만난 사람	친구	오랜만에 만난 사람
안녕하세요?	안녕?	오랜만이야.
처음 뵙겠습니다.	밥 먹었어?	그동안 잘 지냈어?
만나서 반갑습니다.	주말 잘 보냈어?	요즘 어떻게 지냈어?
앞으로 잘 부탁드립니다.	오늘 날씨 좋지?	언제 밥 한번 먹자.

▶ 여러분 나라에서는 인사를 어떻게 해요?

학사 일정

3월

M	T	W	T	F	S	S
1	2	3	4	5	6	7
8	9	10	11	12	13	14
15	16	17	18	19	20	21
22	23	24	25	26	27	28
29	30	31				

- **학기개시일**
  03.01(월)
- **개강**
  03.02(화)
- **신입생 OT**
  03.04(목)

5월

M	T	W	T	F	S	S
					1	2
3	4	5	6	7	8	9
10	11	12	13	14	15	16
17	18	19	20	21	22	23
24	25	26	27	28	29	30
31						

- **대동제**
  05.19(수)~
  05.21(금)

4월

M	T	W	T	F	S	S
			1	2	3	4
5	6	7	8	9	10	11
12	13	14	15	16	17	18
19	20	21	22	23	24	25
26	27	28	29	30		

- **단과 대학 MT**
  04.02(금)~
  04.04(일)
- **중간시험**
  04.19(월)~
  04.23(금)

6월

M	T	W	T	F	S	S
	1	2	3	4	5	6
7	8	9	10	11	12	13
14	15	16	17	18	19	20
21	22	23	24	25	26	27
28	29	30				

- **기말시험**
  06.10(목)~
  06.16(수)
- **방학 시작일**
  06.17(목)
- **성적 확인**
  06.23(수)~
  06.25(금)

⚀ 학사 일정 중에서 여러분에게 중요한 것은 뭐예요?

⚁ 이번 학기 학사 일정을 우리 학교 홈페이지에서 확인해 보세요.

확인

▶ 다음 질문에 ✔ 해 보세요.

질문	네	아니요
• 자기소개를 할 수 있어요?		
• 학생증을 만들 수 있어요?		
• 학교에서 가장 좋아하는 장소를 소개할 수 있어요?		

▶ 처음 만나는 사람에게 자신을 소개해 보세요.

(이)라고 하다

▶ 한국의 대학교에서 공부하는 이유를 말해 보세요.

-(으)려고

▶ 학생증을 만들고 싶어요. 어떻게 말해요?

-(으)려면

▶ 늦게 일어났어요. 그래서 지각을 했어요. 어떻게 말해요?

-아/어 가지고

1과

제목

대화

문법

과제

표현

문화

2과
대학 시설

1. 학교에 어떤 시설이 있을까요?
2. 학교에서 이용해 본 시설이 있어요?
3. 학교 시설을 이용하면서 불편한 점이 있었어요?

이 단원에서 무엇을 배울까?

- 학교 시설 이용 규칙에 대해 말할 수 있다.
- 학교 시설을 이용하면서 불편한 점을 건의할 수 있다.

대화 1

반납기 이용 안내

중앙 도서관의 도서 반납기에
도서를 반납해 주세요.

연체 도서, CD, 지도 등 반납 불가

흐엉　여기서 책을 반납할 수 있어?

조위　응. 대출한 도서를 기계에 **올려 놓고** 반납 버튼을 누르면 돼.

흐엉　연체한 책도 반납할 수 있어?

조위　연체 도서는 반납기로 **반납하면 안 돼.**

–아/어 놓다

A 책을 왜 이렇게 많이 **펼쳐 놓았어?**

B 미안해. 과제에 필요한 책을 찾느라고 그랬어. 내가 빨리 정리할게.

–(으)면 안 되다

A 학생, 음료수를 컴퓨터실에 들고 **가면 안 됩니다.**

B 네. 다 마시고 들어갈게요.

책을 반납하다 | 도서 반납기
책을 대출하다 | 대출 기간
책을 연체하다 | 연체료

학교 시설을 이용하려고 해요. 무엇을 알아야 할까요?

학교 시설

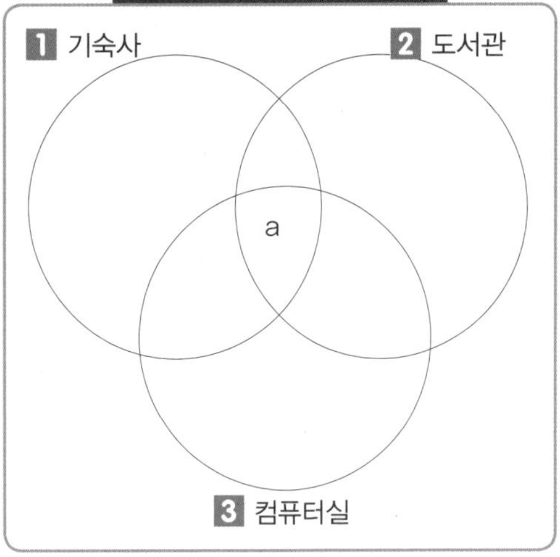

사용 규칙

a		b	
c		d	
e		f	
g		h	

1

기숙사에서 하면
안 되는 게 뭘까?

반려동물을 키우면 안 돼.

2

도서관 ______________
____

____
____

3

컴퓨터실 ______________
____

____
____

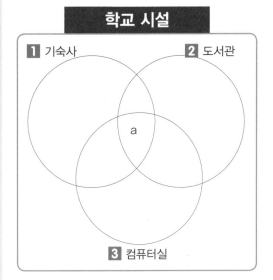

반려동물 | 애완동물을 키우다/기르다

대화 2

학교 보건소 위치를 아세요?

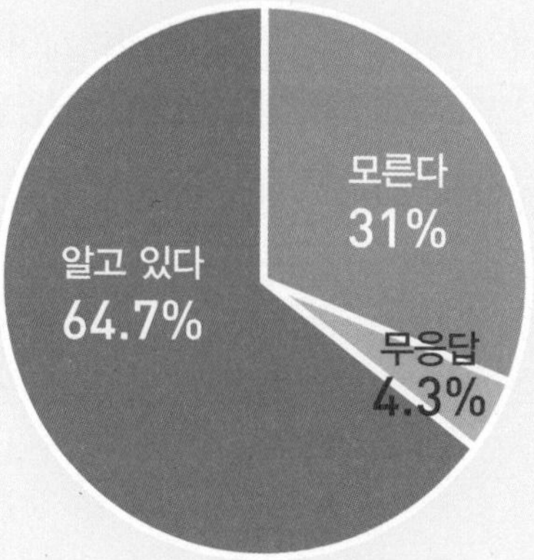

• 설문 조사 기관 : 복지국가소사이어티 대학생 기자단 의료분과
• 설문 조사 대상 : 전국 20대 대학생 1,000명

흐엉 아침부터 머리가 너무 아프다.

조위 그래? 그럼 학교 **보건소라도** 가 보자. 같이 가 줄게.

흐엉 왜 그 생각을 못 했지. 지금 당장 **가야겠다.**

(이)라도

A 공강 시간이 3시간이나 되네. 뭐 하면 좋을까?

B 극장은 머니까 멀티미디어실에 가서 **DVD라도** 보자.

• 장소 명사가 부사어로 사용될 경우 '-에'가 결합할 수 있다.
예 도서관에라도 가자.

-아/어야겠다

A 흐엉이 오늘 학교에 안 온 것 같아.

B 맞아. 이런 적이 없었는데.

A 무슨 일 있는 건 아니겠지? 지금 당장 **연락해 봐야겠다.**

머리가 아프다 | 두통이 있다 | 두통이 심하다
공강 | 휴강 | 보강

학교 시설에 대해 이야기해 보세요.

1	내일까지 과제를 내야 하다	학교 멀티미디어실	수업을 마치고 가다
2	운동장에서 농구를 하고 싶다		
3	배가 고프다		

1

내일까지 과제를 내야 하는데
노트북이 고장 났어.

학교 멀티미디어실이라도 가 봐.
공용 컴퓨터가 있잖아.

맞아, 그거 좋은 생각이야.
수업 마치고 가 봐야겠어.

1 멀티미디어실

2 실내 체육관

3 편의점

과제 1 2 3 4

불편 사항 1
스터디룸이 부족하다

불편 사항 2
학생 식당 메뉴가 적다

불편 사항 3
체육관이 좁다

불편 사항 4
수영장의 샤워 시설이 부족하다

- 학교에 어떤 시설이 있어요?

- 그 시설을 이용할 때 불편한 적이 있었어요?

- 왜 불편했어요?

과제 1 2 3 4

• 학교 시설을 이용할 때 어떤 점이 좋았어요? 어떤 점이 불편했어요? 다음 질문에 대답해 보세요.

좋았어요	학생 휴게실	학생 식당	헬스장
	냉·난방이 잘 되어 있다 청소가 잘 되어 있다 휴게실 공간이 넉넉하다	음식 가격이 싸다 음식이 맛있다 메뉴가 다양하다	샤워 시설이 잘 되어 있다 주말에도 이용할 수 있다
불편했어요	**스터디룸**	**빨래방**	**수영장**
	스터디룸이 좁다	세탁기가 부족하다	샤워 시설이 부족하다

1 어떤 시설을 이용했어요?
2 어디에 있어요?
3 언제 이용했어요?
4 왜 이용했어요?

좋았어요

• 어떤 점이 좋았어요?

• 여러분 나라에서도 이 시설을 이용해 본 적이 있어요?

불편했어요

• 어떤 점이 불편했어요?

• 무엇을 건의하고 싶어요?

과제 1 2 3 4

• 학교 시설을 이용할 때 어떤 점이 불편해요? 친구와 건의 사항을 이야기해 보세요.

1 동아리 방

불편한 점

- 인터넷이 안 되다
- 의자가 4개뿐이다

건의 사항

- 와이파이를 연결하다
- 의자를 6개로 늘려 주다

2 도서관

불편한 점

- 대출 기간이 일주일이다
-

건의 사항

-
-

3 편의점

불편한 점

-
-

건의 사항

-
-

1

동아리방에 인터넷이 안 돼. 와이파이를 연결해 주면 좋겠어.

맞아. 그리고 의자도 4개뿐이라서 부족해. **2개라도** 더 있으면 좋겠어.

2

3

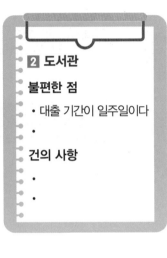

과제 1 2 3 4

⚀ 학교 시설을 사용할 때 불편한 점이 있어요? 이때는 학교 홈페이지 학생 지원 서비스의 건의 사항 게시판을 이용하면 돼요.

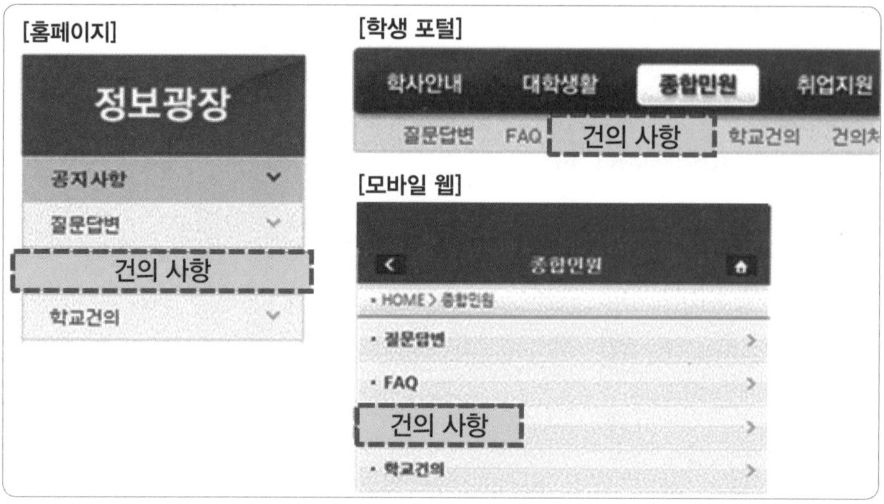

건의 사항

NO	제목	글쓴이	등록일	조회
27	도서관 열람실이 작아요.	이수빈	03-15	75
26	학생 식당 음식 종류가 적어요.	마리아	03-09	81
18	화장실 조명이 어두워요.	박성준	02-08	110

⚁ 여러분은 건의 사항을 어떻게 말할까요?

시험 기간에 도서관 열람실 자리가 부족해요.
빈 강의실이라도 개방해 주면 좋겠어요.

표현

▸ 어떤 행동에 대한 허락을 나타낼 때

Q : 미술관에서 사진을 **찍어도 돼요?**

A1 : 네, 미술관에서 사진을 **찍어도 돼요.**

A2 : 아니요, 미술관에서 사진을 **찍으면 안 돼요.**

▸ 어떤 행동이나 상태를 금지하거나 제한함을 나타낼 때

Q : 여기서 음식을 **먹으면 안 돼요?**

A1 : 네, 여기서 음식을 **먹으면 안 돼요.**

A2 : 아니요, 여기서 음식을 **먹어도 돼요.**

문화

⚀ 다음의 예절은 어느 나라에서 지켜야 할까요?

예절	악수를 하거나 선물이나 물건을 전달할 때 왼손을 사용하면 실례입니다.	사람과 이야기할 때 주머니에 손을 넣은 채 이야기하는 것은 실례입니다.	공연 관람 후 휘파람을 불면 공연에 불만이 있다고 생각합니다.	머리를 만지면 영혼이 나간다는 믿음이 있습니다.
나라				

⚁ 다음의 법은 어느 나라에서 지켜야 할까요?

법	길에 침을 뱉으면 벌금을 내야 합니다.	전자 담배를 팔거나 가지고 있으면 벌금을 내야 합니다.	술병을 들고 다니면 벌금을 내야 합니다.
나라			

⚂ 여러분 나라는 어때요?

확인

▶ 다음 질문에 ✔ 해 보세요.

질문	네	아니요
• 학교 시설을 자주 이용하고 있어요?	□	□
• 거기에서 무엇을 하는지 이야기할 수 있어요?	□	□
• 학교 시설을 이용할 때 편한 점이나 불편한 점을 소개할 수 있어요?	□	□

▶ 친구는 자전거를 타고 학교에 와요. 학생 식당에서 점심을 먹으려고 해요. 자전거를 어떻게 해야 할까요?

-아/어 놓다

▶ 친구가 수업 시간에 휴대폰으로 문자를 보내요. 친구에게 무슨 말을 할까요?

-(으)면 안 되다

▶ 기숙사에 공용 세탁기가 두 대밖에 없어서 불편해요. 학교에 건의해 보세요.

(이)라도

▶ 나는 친구에게 한국 영화를 보고 싶다고 했어요. 그러니까 친구가 학교 멀티미디어실에서 DVD를 보라고 해요. 그리고 무료라고 해서 가고 싶어요.

-아/어야겠다

2과

제목

대화

문법

과제

표현

문화

3과
여가 활동

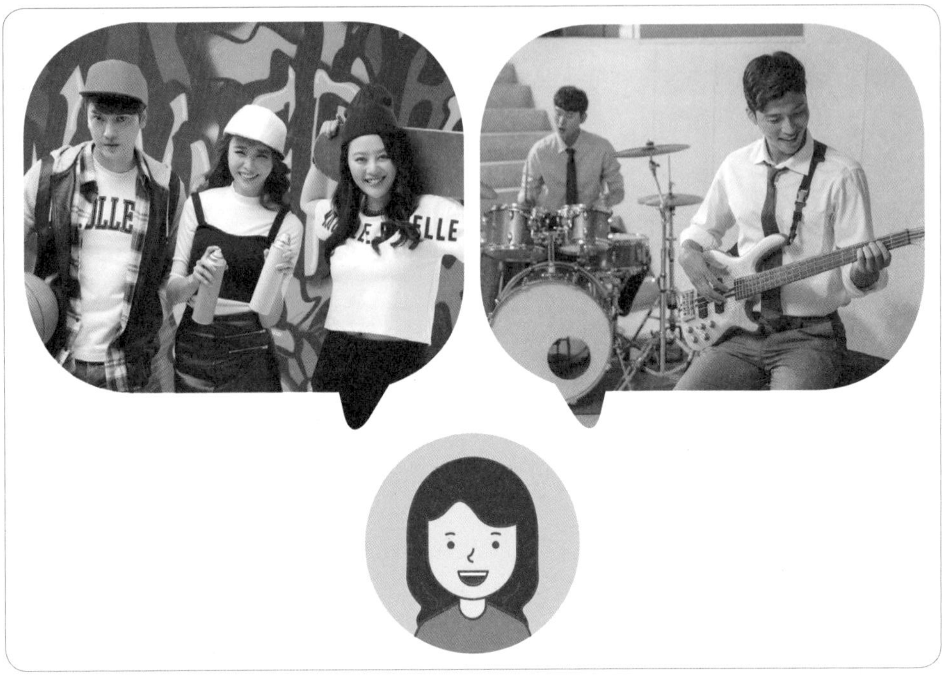

1. 대학생들이 즐겨하는 여가 활동은 뭐예요?
2. 여러분은 시간이 있을 때 무엇을 해요?
3. 여러분은 공강 때 학교에서 무엇을 해요?

이 단원에서 무엇을 배울까?

- 여가 활동에 대한 정보를 묻고 답할 수 있다.
- 동아리를 만들고 홍보할 수 있다.

대화 1

	월	화	수	목	금
9시	한국어 말하기		한국어 말하기		
10시		한국의 문화		한국의 문화	컴퓨터 실습
11시					
12시					
1시	대학 글쓰기		대학 글쓰기		
2시					
3시		대학 읽기		대학 읽기	
4시					

조위 이 수업 **끝난 다음에** 뭐 할 거야?

흐엉 3시까지 공강인데 장학금 신청에 대해 알아볼 것도 **있고 해서** 학과 사무실에 가려고 해.

조위 그래? 나도 궁금한 게 있었는데 같이 가자.

–(으)ㄴ 다음(에)

A 대학을 **졸업한 다음에** 뭐 할 거예요?

B 한국에서 취직할까 해요.

–고 해서

A 무슨 동아리에 가입했니?

B 여행도 좋아하고 선배들이 추천도 **하고 해서** 여행 동아리에 가입했어.

동아리에 대해(서) 궁금하다/알아보다/물어보다
회사에 취직하다 | 일자리를 구하다/찾다

공강 시간에 하는 일과 그 이유에 대해 이야기해 보세요.

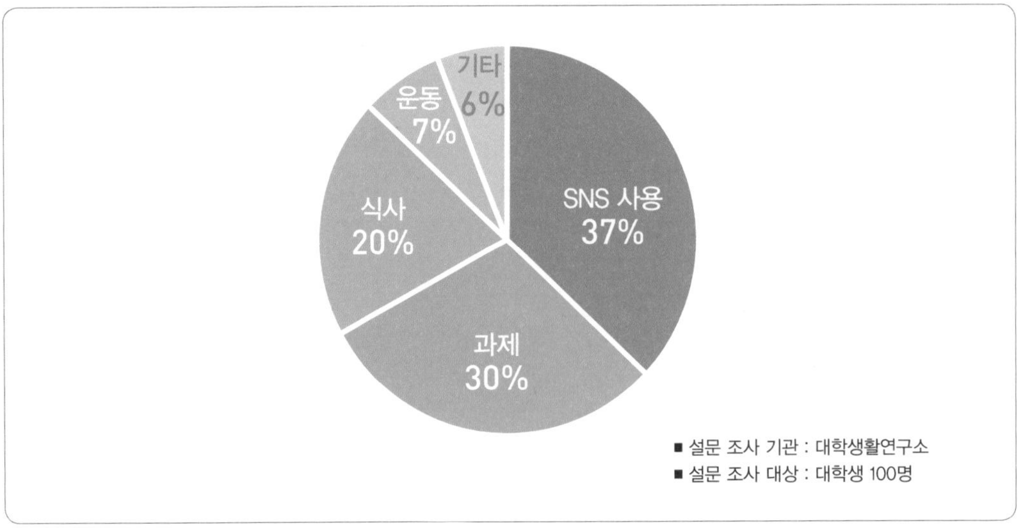

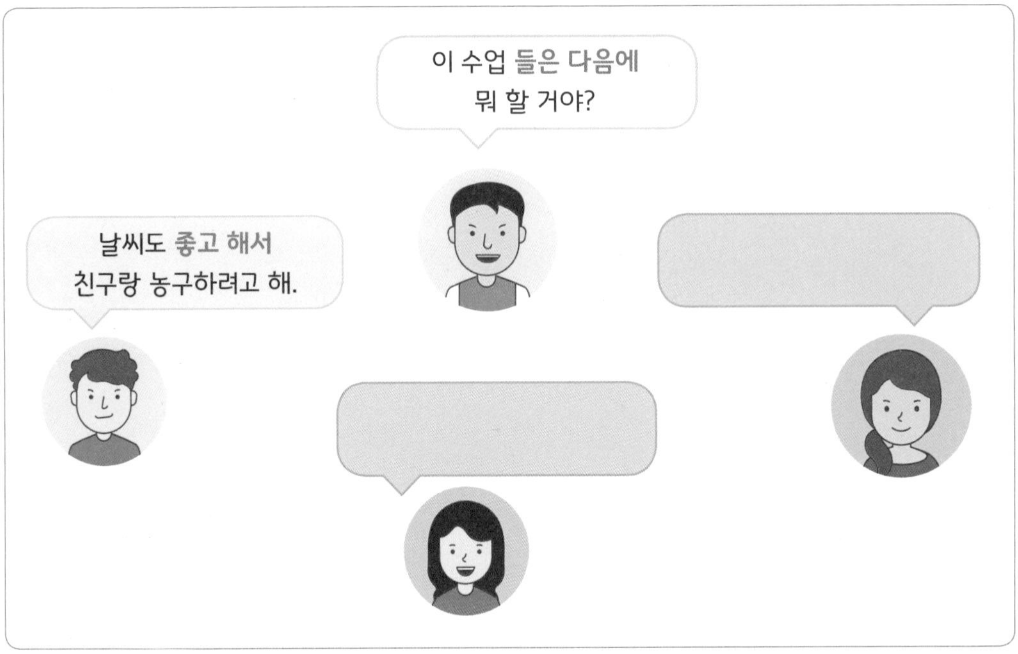

대화 2

조위 흐엉, 여기서 뭐 해?

흐엉 한국어 도우미를 **기다리는 중이야.**

조위 한국어 도우미를 만나면 보통 뭘 해?

흐엉 학교생활에 대해 모르는 게 **하도 많아서** 이것저것 물어봐.

-는 중이다, 중이다

A 지금 뭐 하고 있어?

B 보고서 **작성하는 중이야.** 내일까지 제출해야 하거든.

하도 -아/어서

A 좀 더 드세요.

B 더 못 먹겠어요. **하도** 많이 **먹어서** 배가 터질 정도예요.

- 배가 터질 정도로 많이 먹었어요.
- 배꼽이 빠질 정도로 웃었어요.
- 목이 빠질 정도로 친구를 기다렸어요.

도우미 | 버디(buddy) | 멘토(mentor) | 멘티(mentee)
이것저것 물어보다 | 여기저기 찾아보다 | 이리저리 돌아다니다
보고서 | 리포트(report) | 과제

무엇을 하고 있어요? 이야기해 보세요.

휴가 중	가는 중
다이어트 중	밥 먹는 중
공연 중	숙제하는 중
공사 중	드라마 보는 중

1 

왜 아직도 안 와요?

지금 가는 중이에요.
일이 하도 많아서
빨리 출발할 수 없었어요.

2 

아까 전화를
여러 번 했는데요.

3 

전보다 많이
안 먹는 것 같아요.

다이어트 중이에요.
요즘 하도 많이 먹어서
살이 쪘거든요.

4 

이쪽 길로 못 가나 봐요.

과제 1 2 3 4

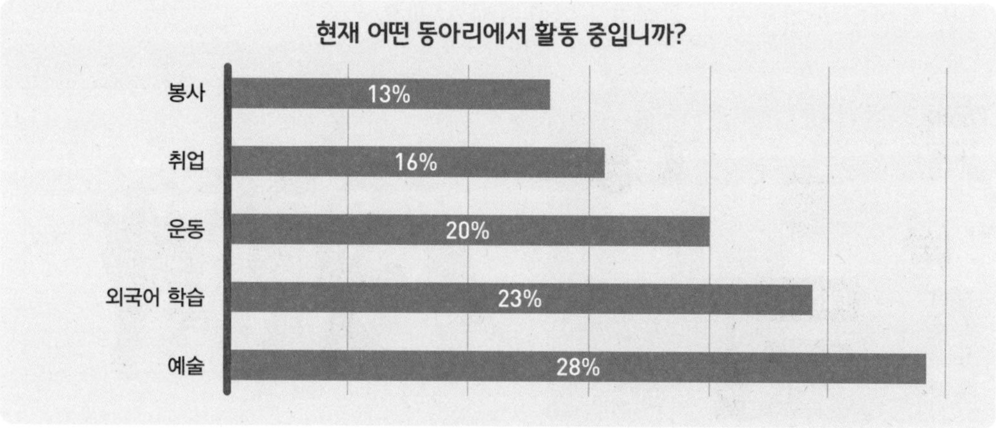

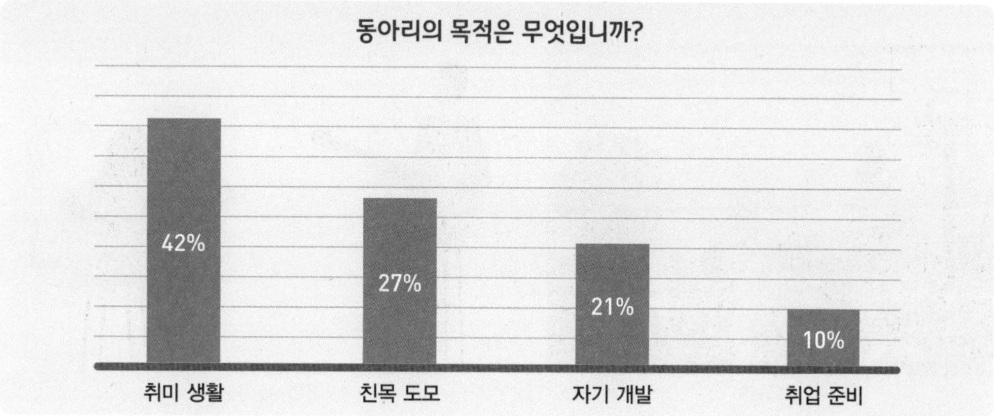

■ 설문 조사 기관 : 대학생활연구소
■ 설문 대상 : 대학생 남녀 500명

1. 누구에게, 무엇에 대해 설문 조사를 했어요?

2. 대학생들은 왜 동아리 활동을 해요?

3. 대학생들은 어떤 동아리에 관심이 많아요?

과제 1 2 3 4

• 무슨 동아리에 가입하고 싶어요? 이야기해 보세요.

영화 동아리

K-POP 댄스 동아리

농구 동아리

기타 동아리

동아리 신입 회원
모집 중이래.
무슨 동아리에
가입하고 싶어?

영화 보는 것을
하도 좋아해서
영화 동아리에
가입하려고 해.

과제 1 2 3 4

• 취미가 비슷한 사람들과 동아리를 만들려고 해요. 이야기해 보세요.

분야	▫ 예술 ▫ 체육 ▫ 봉사 ▫ 학습 ▫ 기타( )
동아리 이름	
활동 계획	• 어디에서 동아리 활동을 하면 좋을까요? • 일주일에 몇 번 활동하는 게 좋을까요? • 무슨 활동을 하면 좋을까요?

무슨 동아리를 만들면 좋을까?
K-POP 댄스 동아리 어때? 춤을 추고 싶은데 **하도 어려워서** 친구들과 함께 배워 보고 싶어.

과제 1 2 3 4

· 동아리 신입 회원을 모집 중이에요. 동아리 홍보를 해 보세요.

어서 와! 동아리는 처음이지?

신입 회원을 모집합니다.

- 모집 기간
- 모집 대상
- 활동 내용
- 신청 방법

: 학교 방송국에서 우리 동아리를 인터뷰하러 왔어요. 이야기해 보세요.

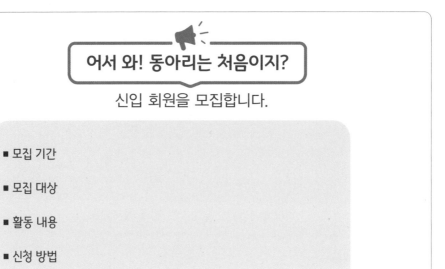

안녕하세요? 학생 기자 왕가입니다. 이번에 새로 만드신 동아리 소개 좀 부탁드립니다.
저희 동아리 이름은 ○○인데요. K-POP과 춤추는 것을 좋아하는 사람들이 모여 만들었습니다.

표현

▸ 현재 진행을 나타낼 때

수잔 씨는 **공부하는 중이에요.** (○)

수잔 씨는 **공부하고 있어요.** (○)

▸ 과거부터 현재까지 지속적인 행위를 나타낼 때

잘 **지내는 중이에요.** (×)

잘 **지내고 있어요.** (○)

기숙사에 **사는 중이에요.** (×)

기숙사에 **살고 있어요.** (○)

회사에 **다니는 중이에요.** (×)

회사에 **다니고 있어요.** (○)

문화

▣ 동아리에 가입하려면 먼저 무엇을 해야 할까요?

<동아리 가입 신청서>

<table>
<tr><td colspan="2">지원 동아리 이름</td><td colspan="3"></td></tr>
<tr><td rowspan="3">인적 사항</td><td>학과</td><td></td><td>학년</td><td></td></tr>
<tr><td>학번</td><td></td><td>성명</td><td></td></tr>
<tr><td>휴대폰</td><td></td><td>E-mail</td><td></td></tr>
<tr><td>지원 동기</td><td colspan="4"></td></tr>
<tr><td>특기</td><td colspan="4"></td></tr>
</table>

위와 같이 회원 가입을 신청합니다.

년 월 일

신청자 : (인)

확인

▶ 다음 질문에 ✔ 해 보세요.

질문	네	아니요
• 대학생들이 좋아하는 여가 활동에 대해 이야기할 수 있어요?	□	□
• 공강 시간을 잘 활용할 수 있어요?	□	□
• 학교에 무슨 동아리가 있는지 이야기할 수 있어요?	□	□

▶ 수업이 끝나고 동아리에 가려고 해요. 친구에게 어떻게 말해요?

-(으)ㄴ 다음(에)

▶ K-POP을 좋아해서 K-POP 노래 동아리에 가입하려고 해요.
동아리에 가입하려는 이유를 말해 보세요.

-고 해서

▶ 동아리 친구들과 농구를 하고 있는데 친구에게서 전화가 왔어요. 어떻게 말해요?

-는 중이다

▶ 노래 연습을 너무 많이 해서 목이 아파요. 친구에게 어떻게 말해요?

하도 -아/어서

3과

제목

대화

문법

과제

표현

문화

4과
건강

1. 여러분은 건강을 위해 무엇을 해요?
2. 여러분은 일주일에 몇 번 운동을 해요?
3. 건강에 좋은 습관에는 무엇이 있어요?

이 단원에서 무엇을 배울까?

- 생활 습관의 문제점을 찾고 그 이유를 말할 수 있다.
- 생활 습관을 동영상으로 만들고 친구와 느낀 점을 말할 수 있다.

대화 1

흐엉 기운이 없어 보이네. 요즘 무슨 일 있어?

조위 어제 과제를 **마무리하느라고** 잠을 잘 못 잤어.

흐엉 **그래서인지** 지금 굉장히 피곤해 보인다.
오늘은 집에 일찍 가서 좀 쉬어.

-느라고

A 왜 이렇게 늦었어?

B 미안해. 동아리 선배들하고 **이야기하느라고** 늦었어.

> 줄임말 '-아/어선지'
> • 짜게 먹어선지 갈증이 나네.

-아/어서인지

A 왜 그렇게 물을 많이 마셔?

B 짜게 **먹어서인지** 갈증이 나네.

기운이 없다 | 피곤하다 | 지치다 | 피로가 쌓이다 | 피로를 풀다
짜다 | 쓰다 | 달다/달콤하다 | 맵다/매콤하다 | 시다/새콤하다 | 싱겁다
갈증이 나다 | 목이 마르다

어떤 일을 하지 못한 이유를 설명해 보세요.

1 전화를 못 받았다	강의를 들었다
2 과제를 못 했다	게임을 했다
3 동아리 모임에 못 나왔다	
4	

1
2
3
4

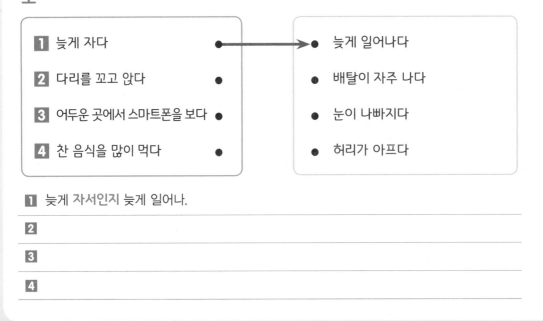

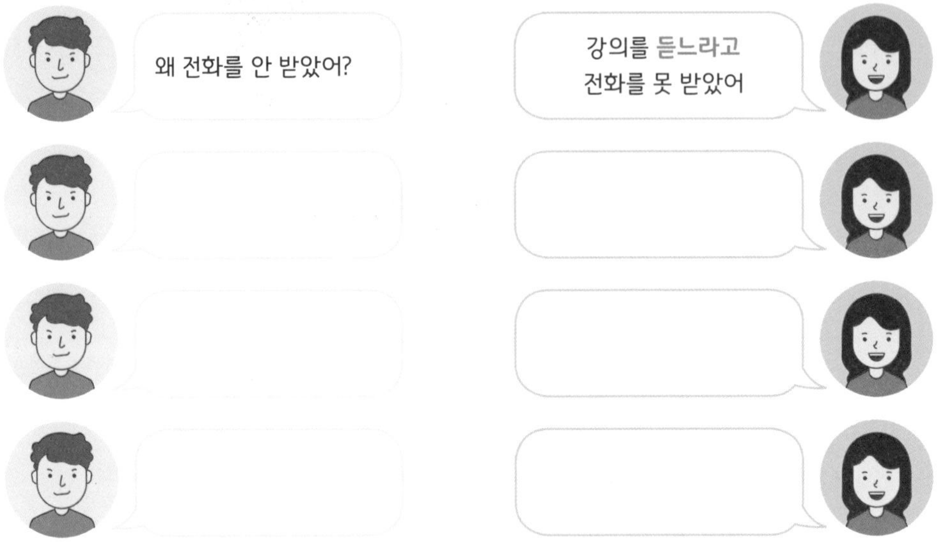

왜 전화를 안 받았어?
강의를 듣느라고
전화를 못 받았어

안 좋은 생활 습관에 대해서 이야기해 보세요.

1 늦게 자다 →	늦게 일어나다
2 다리를 꼬고 앉다	배탈이 자주 나다
3 어두운 곳에서 스마트폰을 보다	눈이 나빠지다
4 찬 음식을 많이 먹다	허리가 아프다

1 늦게 자서인지 늦게 일어나.

2

3

4

대화 2

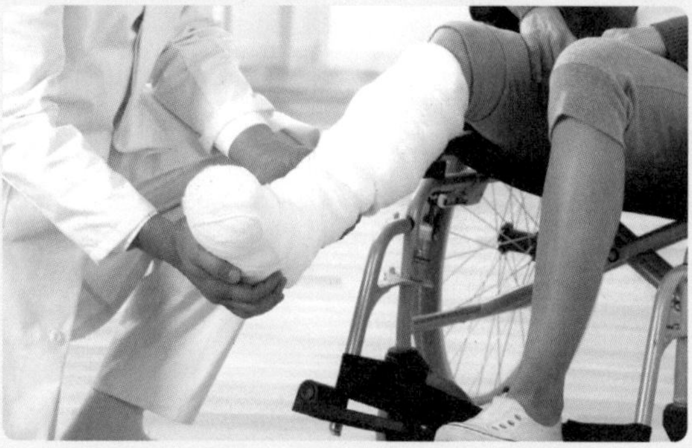

조위 소식 들었어? 왕가가 병원에 입원했대.

흐엉 나도 방금 들었어. 계단에서 넘어져서 다리가 **부러지고 말았대.**

조위 우리 병문안 가야 하지 않을까?

흐엉 그러자. 수업 **끝나자마자** 같이 가자.

-고 말다

A 오늘 좀 늦었네.

B 늦게 일어나서 버스를 **놓치고 말았어.**

-자마자

A 요즘 얼굴이 좋아 보인다.

B 그래? 아침에 **일어나자마자** 조깅을 해서 그런 것 같아.

다리가 부러지다 | 다리를 삐다 | 다리를 다치다
입원하다 | 병문안을 가다 | 퇴원하다
조깅을 하다 | 산책을 하다
버스를 놓치다 | 버스를 잡다

이럴 때는 어떻게 묻고 대답할 수 있어요? 친구와 이야기해 보세요.

1

2

3

4

1

여자 친구하고 어떻게 만났어?

카페에서 처음 보자마자 사랑에 빠지고 말았어.

2

여기 있던 과자 다 어디 갔어?

3

4

사랑에 빠지다 | 첫눈에 반하다 | 사귀다

과제 1 2 3 4

• 여러분의 생활 습관은 어때요? 그 습관 때문에 어떻게 됐어요?

습관	결과	좋아요? 나빠요?
운동을 전혀 안 하다	뚱뚱해지다	나빠요
매일 아침 7시에 조깅을 하다	전보다 더 건강해지다	
스마트폰을 항상 손에 들고 있다		

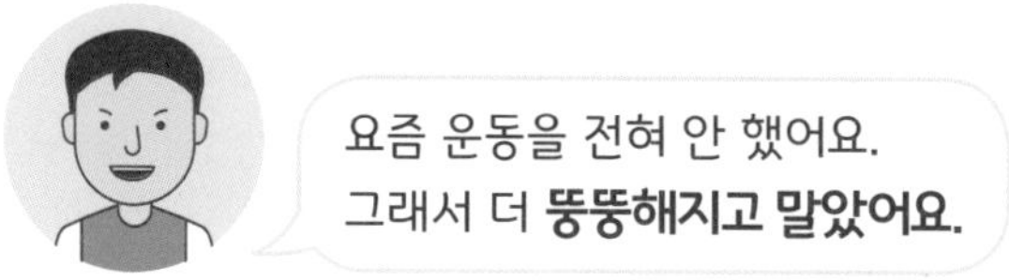
요즘 운동을 전혀 안 했어요.
그래서 더 **뚱뚱해지고 말았어요.**

과제 1 2 3 4

• 조위의 하루 일과를 보고 이야기해 보세요.

조위의 하루

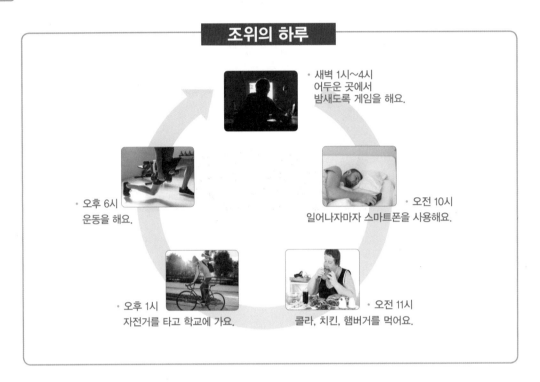

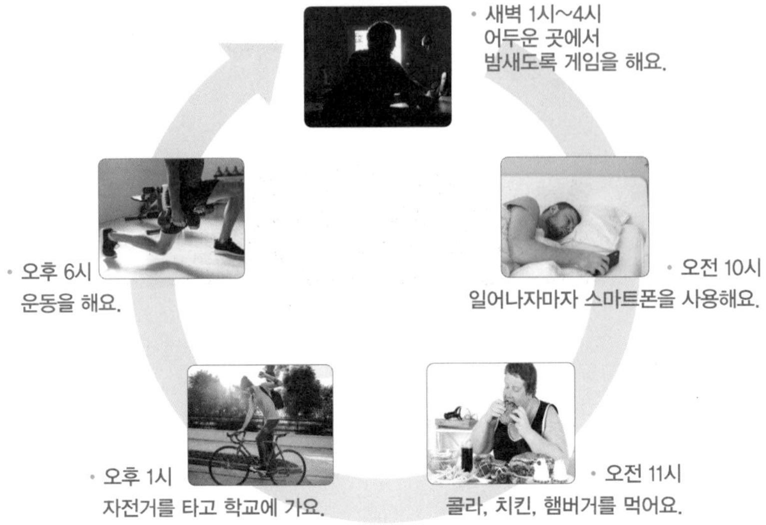

• 새벽 1시~4시
어두운 곳에서
밤새도록 게임을 해요.
• 오전 10시
일어나자마자 스마트폰을 사용해요.
• 오전 11시
콜라, 치킨, 햄버거를 먹어요.
• 오후 1시
자전거를 타고 학교에 가요.
• 오후 6시
운동을 해요.

⁚ 조위의 하루 일과를 보고 이야기해 보세요.

좋아요	이건 안 돼요
1. ________________	1. ________________
2. ________________	2. ________________
3. ________________	3. ________________

나의 생활 습관을 스토리보드로 만들어 보세요.

시간	그림	설명
오전 9:00		저는 **일어나자마자** 스마트폰을 봐요.

위 내용으로 동영상을 만들어 보세요.

과제 1 2 3 **4**

• 친구들의 생활 습관에 대해 듣고 나의 습관과 비교해서 말해 보세요.

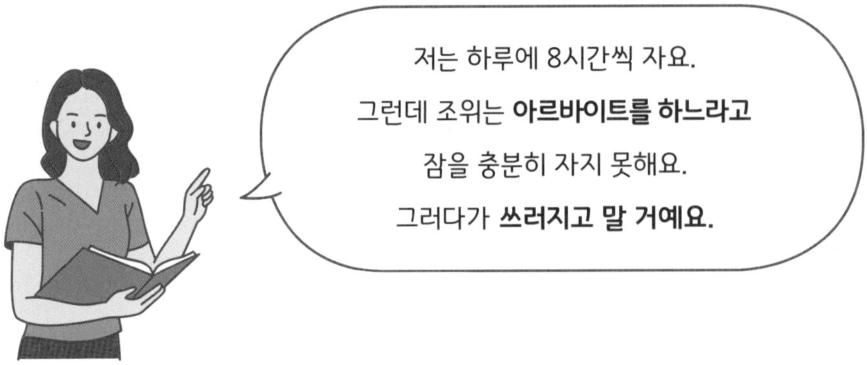
저는 하루에 8시간씩 자요.
그런데 조위는 **아르바이트를 하느라고**
잠을 충분히 자지 못해요.
그러다가 **쓰러지고 말 거예요.**

느낀 점

표현

▸ 의지를 표현할 때

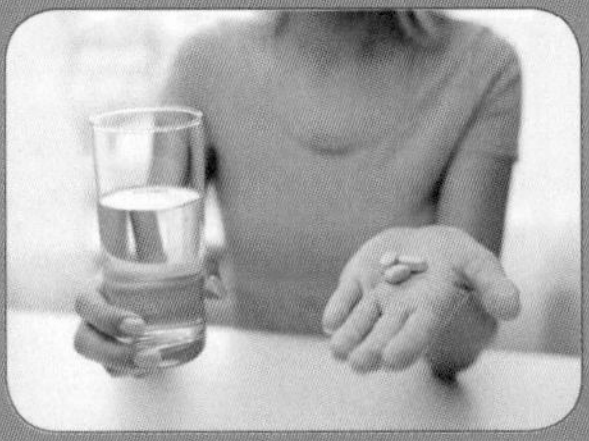

밥을 **먹자마자** 약을 먹을 거예요. (○)

밥을 **먹는 대로** 약을 먹을 거예요. (○)

▸ 우연히 생긴 일을 말할 때

축구 경기가 **시작되자마자** 비가 오네. (○)

축구 경기가 **시작되는 대로** 비가 오네. (×)

▸ 과거의 일을 말할 때

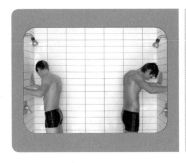

저는 어제 운동이 **끝나자마자** 샤워를 했어요. (○)

저는 어제 운동이 **끝나는 대로** 샤워를 했어요. (×)

문화

스트레스 해소 방법

한국 대학생들의 스트레스 해소 방법

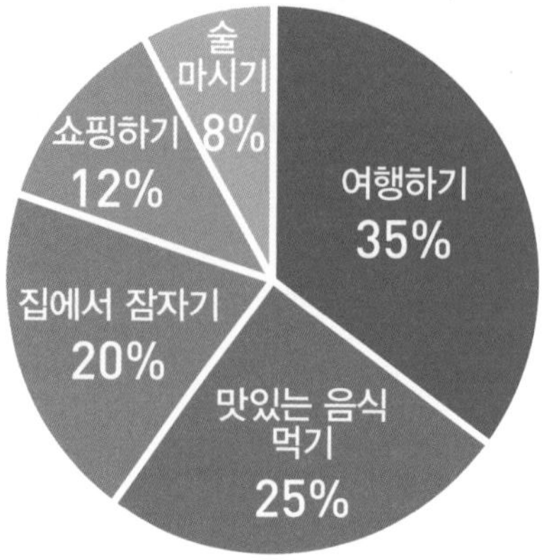

여러분은 언제 스트레스를 받아요?

나만의 스트레스 해소 방법이 있어요?

확인

▶ 다음 질문에 ✔ 해 보세요.

질문	네	아니요
• 건강에 좋은 습관을 알고 있어요?	□	□
• 친구의 안 좋은 습관에 대해 조언할 수 있어요?	□	□
• 여러분의 하루 일과를 말할 수 있어요?	□	□

▶ 강의 때문에 친구의 전화를 못 받았어요. 친구에게 어떻게 말할까요?

-느라고

▶ 잠을 잘 못 자요. 커피 때문인 것 같아요. 친구에게 어떻게 말할까요?

-아/어서인지

▶ 부모님을 만나고 눈물을 흘렸어요. 친구에게 어떻게 말할까요?

-자마자, -고 말다

4과

제목

대화

문법

과제

표현

문화

5과
대학 행사

1. 우리 학교에는 어떤 행사가 있어요?
2. 여러분은 어떤 행사에 참가하고 싶어요?
3. 그 행사에 왜 참가하고 싶어요?

이 단원에서 무엇을 배울까?

- 대학 행사 참여를 친구에게 제안할 수 있다.
- 외국인 유학생을 대상으로 하는 행사를 기획하고 발표할 수 있다.

대화 1

외국인 유학생 한국어 말하기 대회

흐엉 다음 달에 외국인 유학생 말하기 대회가 있는데 같이 **나가 보는 게 어때**?

조위 좋아. 사실 작년에 말하기 대회에 **나가려다가** 혼자 준비하는 게 너무 힘들어서 포기했어.

흐엉 그랬구나. 그럼 이번에는 우리 같이 연습해서 꼭 참가해 보자.

–는 게 어때(요)?

A 한국 친구를 사귀고 싶은데 어떻게 하면 좋을까?

B 학과 행사에 **참여해 보는 게 어때**? 그럼 친구를 많이 사귈 수 있을 거야.

–(으)려다가

A 학과 MT는 잘 갔다 왔어?

B 아니, MT를 **가려다가** 태풍이 와서 못 갔어.

대회에 나가다/참가하다 | 행사에 참가하다/참여하다
MT(membership training) | 모꼬지
장기 | 재주 | 특기

친구에게 자신의 의견을 제안해 보세요.

1 운동

2 여행

3 선물

4

운동을 배우고 싶은데
뭘 하면 좋을까?

수영을 배우는 게 어때?

수영? 그거 좋은 생각이다.

일주일 후에 친구를 다시 만났어요. 그런데 친구가 계획을 바꾸었어요.

1 운동

2 여행

3 선물

4

수영 잘 배우고 있어?

아니, 수영을 배우려다가
태권도를 배우고 있어.

대화 2

흐엉 다음 달에 학교에서 한글 백일장 대회가 **열린다면서?**

조위 그래, 맞아. 전국 대회라서 다른 학교 외국인 학생들도 많이 **올걸.**

흐엉 나도 참가하고 싶은데 잘할 수 있을까?

조위 걱정하지 마. 잘할 수 있어.

–다면서(요)?

A 너 이번에 장학금 **받는다면서?** 축하해.

B 고마워. 열심히 했더니 성적이 많이 올랐어.

–(으)ㄹ걸(요), 일걸(요)

A 이번 농구 대회에서 어느 학과가 이길까?

B 교육학과가 **이길걸.** 저녁마다 연습하던데.

한글 백일장 대회 | 한국어 시/수필/쓰기 대회

장학금 | 성적/근로 장학금

성적이 오르다/올라가다 | 성적이 내려가다/떨어지다

외국인 유학생을 위한 행사를 해요. 친구와 같이 이야기해 보세요.

1 요리 대회

2 한국 영화 감상

3 김치 담그기 체험

1
- 요리 대회를 **한다면서**? 사람들이 많이 신청할까?
- 이번에 상품이 다양해서 신청자가 **많을걸**.

2

3

김치를 담그다 | 김장을 하다

과제 1 2 3 4

한국어 겨루기 대회

한글 손글씨 쓰기 대회

전통 예절 체험

전통 놀이 체험

우리 학교에서는 외국인 유학생을 대상으로 무슨 행사를 해요?

여러분은 어떤 행사에 참가하고 싶어요?

그 행사에 왜 참가하고 싶어요?

과제 1 2 3 4

• 외국인 유학생을 위한 행사에 대해 이야기해 보세요.

행사 내용		참가하고 싶은 이유
장기 자랑	춤과 노래	
한국어 실력 자랑	한글 백일장	
한국 문화 체험	한국 영화 감상	
나라별 문화 체험	외국인 유학생 요리 대회	

과제 1 2 **3** 4

• 조원들과 행사 준비를 위한 회의를 해 보세요.

1	2	3	4
행사 이름 어울림	**행사 장소** 실내 체육관	**행사 내용**	**행사 인원**

1

행사 이름은 어떻게 할까?

신입생들이 많이 **온다면서?**
그럼 '어울림'으로 **하는 게 어때?**
함께 한다는 뜻이니까 좋을 것 같은데.

그거 좋은 생각이다.

2

행사는 어디에서 하면
좋을까?

과제 1 2 3 4

⚀ 행사 계획안을 만들어 발표해 보세요.

행사 계획	A조	B조
행사 이름	장기 자랑 대회	
행사 목적	외국 유학생과 한국 학생의 교류	
관람 예상 인원	외국인 학부생 30명 한국인 학부생 30명	
참가 팀	6팀	
행사 날짜	○월 ○일	
행사 장소	학교 실내 체육관	
행사 내용	춤 노래 마술 악기	
상금	최우수상–1팀, 30만 원 우수상–1팀, 20만 원 장려상–1팀, 10만 원 인기상–1팀, 10만 원	

⚁ 회의 결과를 정리해서 발표해 보세요.

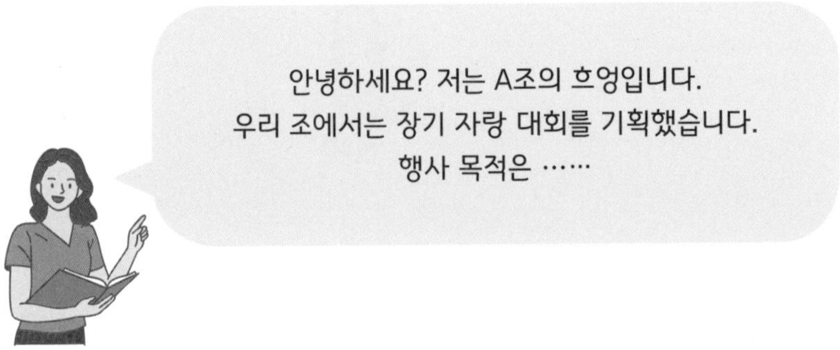

안녕하세요? 저는 A조의 흐엉입니다.
우리 조에서는 장기 자랑 대회를 기획했습니다.
행사 목적은 ……

표현

▶ 이미 알고 있거나 들은 사실을 다시 한 번 확인할 때

A : 이번 학교 씨름 대회에서 1등 **했다면서/했다고?**

B : 응. 떨어질 줄 알았는데 1등을 했어.

A : 이번에 장학금을 **받았다면서?**

B : 응. 걱정하고 있었는데 점수가 잘 나왔어.

A : 축하해. 한턱내라.

B : 그래. 오늘 내가 한턱낼게.

문화

지역 축제

부천 fun 축제

제주 유채꽃 축제

태안 세계 튤립 축제

파주 북 축제

강릉 커피 축제

경주 문화 축제

영등포 · 여의도 봄꽃 축제

확인

▸ 다음 질문에 ✔ 해 보세요.

질문	네	아니요
• 우리 학교의 행사들을 알고 있어요?	□	□
• 대학 행사에 참여한 경험을 이야기할 수 있어요?	□	□
• 대학 행사를 소개할 수 있어요?	□	□

▸ 친구가 학교 장기 자랑 대회에서 뭘 하면 좋을지 물어요. 어떻게 말해 줄까요?

-는 게 어때(요)?

▸ 나는 장기 자랑 대회에서 혼자 한국 노래를 부르려고 했어요. 그런데 한국 노래를 부르고 싶어 하는 친구들이 많아서 친구들과 같이 부르기로 했어요. 어떻게 말해요?

-(으)려다가

▸ 한국어 말하기 대회를 한다는 것을 들었어요. 친구에게 다시 한 번 확인하고 싶어요. 친구에게 물어보세요.

-다면서(요)?

▸ 우리 학과는 대학 농구 대회에 참가하려고 해요. 그래서 저녁마다 연습하고 있어요. 이번 대회에서 우리 학과가 이길 것 같아요. 친구에게 어떻게 말해요?

-(으)ㄹ걸(요)

5과

제목

대화

문법

과제

표현

문화

6과
대외 활동

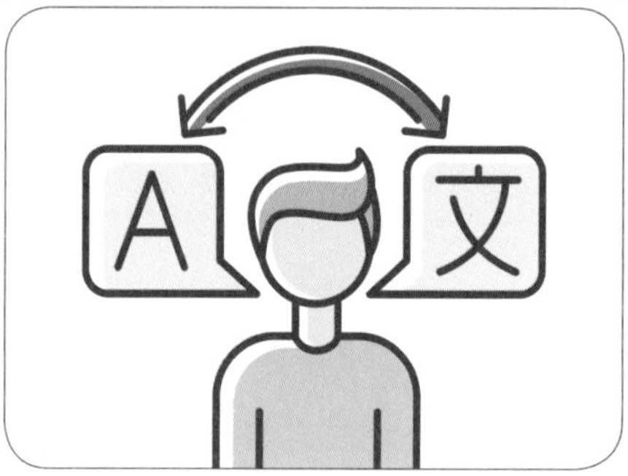

1. 대학생들은 학교 밖에서 어떤 활동을 할까요?
2. 여러분은 학교 밖에서 어떤 활동을 하고 싶어요?
3. 그 활동에 왜 참여하고 싶어요?

이 단원에서 무엇을 배울까?

- 대외 활동에 대한 계획을 묻고 답할 수 있다.
- 한국 사람에게 자기 나라의 문화를 소개할 수 있다.

대화 1

외국인 한국 관광 홍보 도우미 모집

- ▶ 지원 자격 : 현재 SNS를 사용하고 있는 외국인 유학생
- ▶ 활동 내용 : 외국인을 위해 SNS로 한국 관광지 알리기
- ▶ 모집 인원 : 15명
- ▶ 접수 방법 : 학교 게시판

조위　학교 게시판 봤니? 외국인 관광 도우미를 **모집하던데.**

흐엉　그래? 넌 어떻게 할 거야?

조위　여행도 좋아하고 한국 여행도 많이 했으니까 **신청해 볼까 해.**

-(으)ㄹ까 하다

A 주말에 뭐 할 거야?

B 시청에서 언어 교환 프로그램이 있다고 해서 **가 볼까 해.**

-던데(요)

A 선배, 통역 자원봉사 활동을 해 보니 어땠어요?

B 경험을 많이 쌓을 수 있어서 **좋던데.** 너도 꼭 한번 해 봐.

자원봉사 프로그램에 신청하다/지원하다 | 신청자/지원자
경험을 쌓다/얻다
통역 | 통역사 | 번역 | 번역가

대외 활동 계획에 대해서 이야기해 보세요.

1 바닷가 쓰레기 줍기 운동

보람이 있다

2 찾아가는 통역 서비스

한국어 때문에
어려움을 겪는 외국인이 많다

3 중국문화원 태극권 강사

중국문화원에서
태극권 강사를 모집하다

경험도 쌓고 보람도 느낄 수 있는 일이 뭐 없을까?
바닷가에서 쓰레기를 줍는 봉사 활동은 어때? 지난번에 해 보니까 보람이 **있던데.**

보람이 있다 | 보람을 느끼다 | 보람차다

대화 2

조위 흐엉, 무슨 고민 있니?

흐엉 한국에서 취직을 하고 싶은데 뭘 준비해야 할지 모르겠어.

조위 취업 멘토링 프로그램이 있는데 **참가해 보지 그래?**
학교 홈페이지에서 이번 주까지 신청하면 된대.

흐엉 그래? 너 아니었으면 좋은 기회를 **놓칠 뻔했다.**

–지 그래(요)?

A 재능도 살리면서 보람도 느낄 수 있는 일을 하고 싶은데 뭘 하면 좋을까?

B 벽화 그리기 봉사 활동을 **해 보지 그래**? 너 그림 잘 그리잖아.

A 그런 활동도 있어? 꼭 한번 해 봐야겠다.

–(으)ㄹ 뻔하다

A 오늘 시험을 못 **볼 뻔했어.**

B 왜?

A 늦게 일어나서 학교에 **지각할 뻔했거든.**

고민/걱정

멘토링 프로그램 | 멘토(mentor) | 멘티(mentee)

기회가 있다 | 기회가 오다 | 기회를 잡다 | 기회를 살리다

기회가 없다 | 기회를 놓치다

문제점과 이에 대한 조언을 연결해 보세요.

1. 중요한 날짜를 잊어버리다 ●		● 알람을 맞추다
2. 휴대폰을 보면서 길을 건너가다 자전거에 부딪히다 ●		● 수첩에 메모하다
3. 지각하다 ●		● 주위를 살피다

 친구에게 조언해 보세요.

1. 봉사 활동 가는 날짜를 잊어버릴 뻔했어.

다음부터는 수첩에 메모해 놓지 그래?

2. 휴대폰을 보면서 길을 건너가다 자전거에 부딪힐 뻔했어.

3.

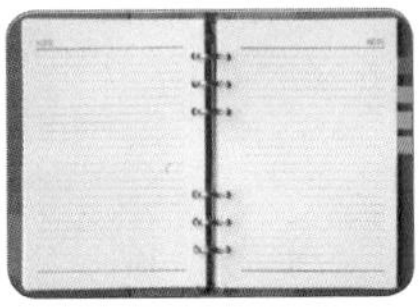

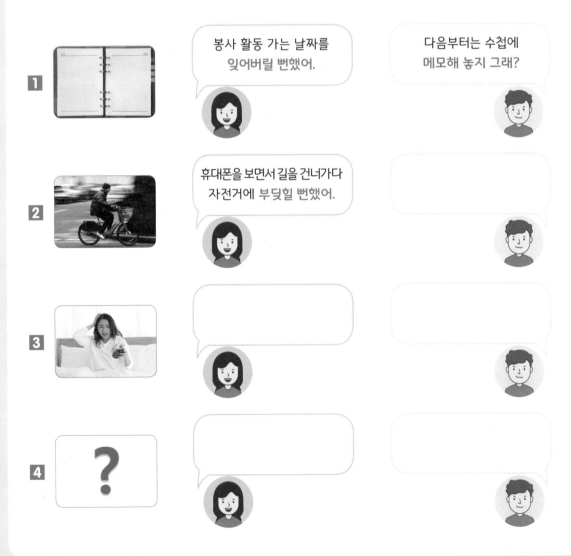

4. ?

과제 1 2 3 4

⚀ 한국 사람에게 여러분 나라를 소개해 본 적이 있어요?

⚁ 한국 사람에게 여러분 나라에 대해 무엇을 알려 주고 싶어요?

⚂ 왜 그것을 소개하고 싶어요?

과제 1 2 3 4

· 여러분이 알고 있는 한국 문화에 대해 이야기해 보세요.

1

2

3

4

·· 한국과 여러분 나라의 문화는 무엇이 달라요? 이야기해 보세요.

한국	

과제 1 2 3 4

• 한국 학생들에게 여러분 나라에 대해 소개하려고 해요. 무엇을 소개하고 싶어요?

유명한 문화 유적지	
전통 의상	
생활 예절	

저는 한국에 처음 왔을 때 우리나라와 한국의 문화가 달라서 **실수할 뻔한 적이 있습니다.** 길을 가다가 선생님을 만났는데 너무 반가워서 안으려고 했습니다. 그런데 선생님이 당황해하시는 것 같아 그냥 '안녕하세요?'라고 인사만 했습니다. 나중에 한국에서는 어른께 허리를 굽혀 인사해야 한다는 것을 알고 선생님이 왜 그러셨는지 이해가 되었습니다.

과제 1 2 3 **4**

⚀ 한국 학생들에게 여러분 나라에 대해 소개해 보세요.

베트남의 생활 예절

이름 :

학번 :

학과 :

목 차

1.

2.

3.

⚁ 위의 내용을 정리해서 이야기해 보세요.

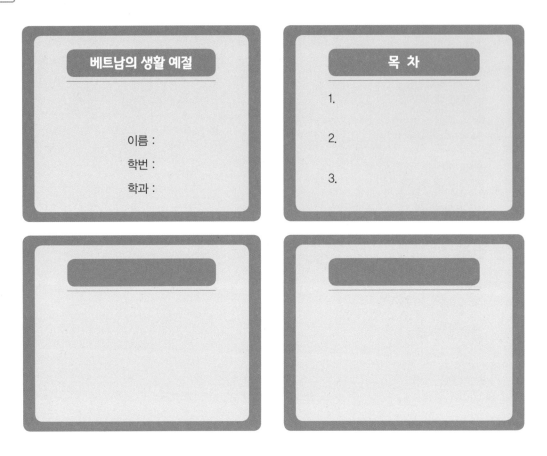

안녕하세요? 저는 흐엉이라고 합니다.
한국으로 유학 오기 전에는 베트남과 한국의 문화가 비슷할 거라고 생각했습니다. 그러나 한국에서 살다 보니 다른 점도 있다는 것을 알게 되었습니다.
저는 오늘 여러분에게 베트남의 생활 예절에 대해 **소개해 볼까 합니다.**

표현

▶ 명령문을 대신해서 제안하거나 권유할 때

-(으)세요

-는 게 어때요?

-지 그래요?

- 흐엉 씨, 책을 **읽으세요.**
- 흐엉 씨, 책을 **읽는 게 어때요?**
- 흐엉 씨, 책을 **읽지 그래요?**

- 한국어를 잘하고 싶으면 언어 교환 프로그램에 **참가하세요.**
- 한국어를 잘하고 싶으면 언어 교환 프로그램에 **참가하는 게 어때요?**
- 한국어를 잘하고 싶으면 언어 교환 프로그램에 **참가하지 그래요?**

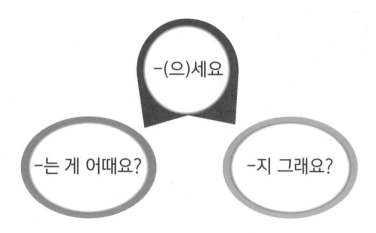

문화

• 한국 사람들은 어떤 몸짓 언어를 많이 사용할까요?

A : 흐엉 씨가 화가 난 것 같아.

B : 응. 내가 약속을 안 지켰거든.

A : 어느 팀이 축구를 잘해?

B : 축구하면 우리 팀이 최고지.

A : 아기가 자니까 조금만 조용히 해 주세요.

B : 네. 그럴게요.

A : 그게 무슨 뜻이야?

B : 사랑한다는 뜻이야.

확인

▸ 다음 질문에 ✔ 해 보세요.

질문	네	아니요
• 대학생들이 참가할 수 있는 대외 활동을 알고 있어요?	□	□
• 하고 싶은 대외 활동이 있어요?	□	□
• 한국과 여러분 나라의 문화 차이를 알고 있어요?	□	□

▸ 다음 주말에 봉사 활동을 할 생각이에요. 자신의 계획을 친구에게 말해 보세요.

-(으)ㄹ까 하다

▸ 제주도에 가 보니까 정말 아름다웠어요. 내가 본 것을 친구에게 말해 보세요.

-던데(요)

▸ 한국어 공부를 걱정하는 친구에게 언어 교환 프로그램에 신청하라고 권유하고 싶어요. 친구에게 어떻게 말해요?

-지 그래(요)?

▸ 취업 멘토링 프로그램 신청 날짜를 잊고 있었는데 친구가 알려 줘서 신청했어요. 친구에게 어떻게 말해요?

-(으)ㄹ 뻔하다

6과

제목

대화

문법

과제

표현

문화

7과
자기 개발

1. 여러분은 지금 자신에게 만족해요?
2. 여러분은 미래에 어떤 사람이 되고 싶어요?
3. 그런 사람이 되기 위해 무엇을 준비하고 있어요?

이 단원에서 무엇을 배울까?

- 자기 개발에 대해 묻고 답할 수 있다.
- 면접에서 자신을 소개할 수 있다.

대화 1

11월

일	월	화	수	목	금	토
	1	2	3	4	5	6
7	8	9	10	11	12	13
14	15	16	17	18	19	20
㉑	22	23	24	25	26	27
28	29	30				

토픽 시험 (← 21)

조위 흐엉, 토픽 시험 준비 많이 했니?

흐엉 많이 **하기는**. 시험 준비를 하나도 못 했어.

조위 왜?

흐엉 과제가 **많은 데다가** 태권도 승급 시험을 준비하고 있거든.

-기는(요), 은/는(요)

A 운전면허 시험에 합격했니?

B **합격하기는**. 필기시험에서도 떨어졌는걸.

> 줄임말 '-긴(요)'
> • 재미있긴. 너무 재미없어서 계속 하품만 나왔어.

-(으)ㄴ/는 데다가

A 너 발음이 진짜 좋아졌다. 비결이 뭐야?

B 드라마를 많이 **보는 데다가** 한국 친구들과 만나서 얘기도 많이 해.

토픽 6급을 받다 | 토픽 6급에 합격하다

지원자 | 응시자 | 합격자

대학생들은 자기 개발을 위해 무엇을 해요? 이야기해 보세요.

1

언어 교환 프로그램

2

정보전산원 컴퓨터 강좌

3

?

한국어를 정말 잘하네요.

잘하기는요.
아직 부족한 게 많아요.

어떻게 하면 한국어를
잘할 수 있어요?

언어 교환 프로그램에 참가해 보세요.
한국어를 배울 수 있는 데다가
한국 친구도 사귈 수 있어서 좋아요.

컴퓨터 자격증을 따다/받다/취득하다
운전면허증을 따다/받다/취득하다

대화 2

조위 나 인턴으로 일하게 됐어.

흐엉 정말? 그 어려운 시험에 **합격하다니** 정말 축하해.

조위 근데 회사 사람들과 한국어로 이야기를 잘할 수 있을지 걱정이야.
한국어 말하기 연습을 좀 더 열심히 **했어야 했는데**…….

–다니, (이)라니

A 내가 사진 공모전에서 1등을 **하다니** 정말 꿈인 것 같아.

B 1등을 했다고? 정말 축하해.

–았/었어야 했는데

A 컴퓨터 강좌는 수강 인원이 많아서 신청을 못 한대.

B 그래? 아쉽다. 서둘러 **신청했어야 했는데**…….

인턴 사원을 뽑다/모집하다/채용하다
인턴십에 참가하다
사진/광고/UCC 공모전

여러분은 후회한 적이 있어요? 이야기해 보세요.

1

1년이 벌써 다 지나가다니.
컴퓨터 자격증을 미리 땄어야 했는데…….

2

한 학기가 다 끝났다

3

한 학기만 지나면 졸업이다

4

?

과제 1 2 3 4

외국인 유학생 인턴 모집

세계전자

READY FOR A JOB!

<업무 내용>

✓ 해외 홍보 메일 발송
✓ 한국어 번역
✓ 국제 행사 지원
✓ 홈페이지 관리

1. 여러분은 어떤 회사에서 일하고 싶어요?

2. 취업하고 싶은 회사에서 일할 수 있는 기회가 있다면 지원하고 싶어요?

3. 인턴으로 일하게 된다면 무엇을 배우고 싶어요?

과제 1 2 3 4

• 인턴 채용 광고를 보고 이야기해 보세요.

한국은행
외국인 유학생 인턴 채용

- 모집 부문 : 상품 기획
- 지원 자격 : 중국이나 베트남 국적의 유학생
  한국어로 의사소통이 가능한 사람
- 1차 서류 전형 / 2차 면접

KBC 방송국
외국인 유학생 인턴 채용

- 모집 부문 : 홍보
- 지원 자격 : 영어나 프랑스어가 가능한
  유학생 토픽 5급 이상
- 1차 서류 전형 / 2차 면접

한국 면세점
외국인 유학생 인턴 채용

- 모집 부문 : 마케팅
- 지원 자격 : 학점 3.5 이상
- 1차 서류 전형 / 2차 면접
- 영어 가능한 자 우대

어떤 분야에서 일할 수 있어요?

인턴으로 일하려면 뭘 준비해야 해요?

인턴 채용 절차는 어떻게 돼요?

과제 1 2 3 4

여러분은 다음 중 어디에 지원하고 싶어요? 친구와 이야기해 보세요.

한국은행 외국인 유학생 인턴 채용	KBC 방송국 외국인 유학생 인턴 채용	한국 면세점 외국인 유학생 인턴 채용

인턴을 모집하던데 같이 지원해 볼래?
넌 어디에 지원하고 싶은데?

과제 1 2 3 4

• 인턴 프로그램에 지원해서 면접을 보게 되었어요. 면접관의 질문에 대답해 보세요.

이 프로그램에 왜 지원했습니까?
가장 자신 있는 것이 무엇입니까?
가장 존경하는 사람은 누구입니까?

저는 대학교를 졸업한 후 마케팅 관련 일을 할 계획입니다. 미리 마케팅 업무를 배워 보면 취직하는 데에 도움이 될 것 같아서 지원하게 되었습니다.

표현

▶ 정보를 추가해서 말할 때

A : 인턴 생활은 어때요?

B : 회사 분위기도 **좋은 데다가** 일도 재미있어요.
회사 분위기도 **좋을 뿐만 아니라** 일도 재미있어요.
회사 분위기도 **좋은 것은 물론** 일도 재미있어요.

A : 지금 살고 있는 집이 어때요?

B : 학교에서 **가까운 데다가** 주변이 조용해서 좋아요.
학교에서 **가까울 뿐만 아니라** 주변이 조용해서 좋아요.
학교에서 **가까운 것은 물론** 주변이 조용해서 좋아요.

A : 마이클 씨가 한국어를 잘한다면서요?

B : 네, **한국어에다가** 프랑스어도 잘해요.
네, **한국어뿐만 아니라** 프랑스어도 잘해요.
네, **한국어는 물론** 프랑스어도 잘해요.

문화

▣ 대학생들은 대학을 졸업한 후에 무슨 일을 하고 싶어 할까요?

대학생 창업 열풍

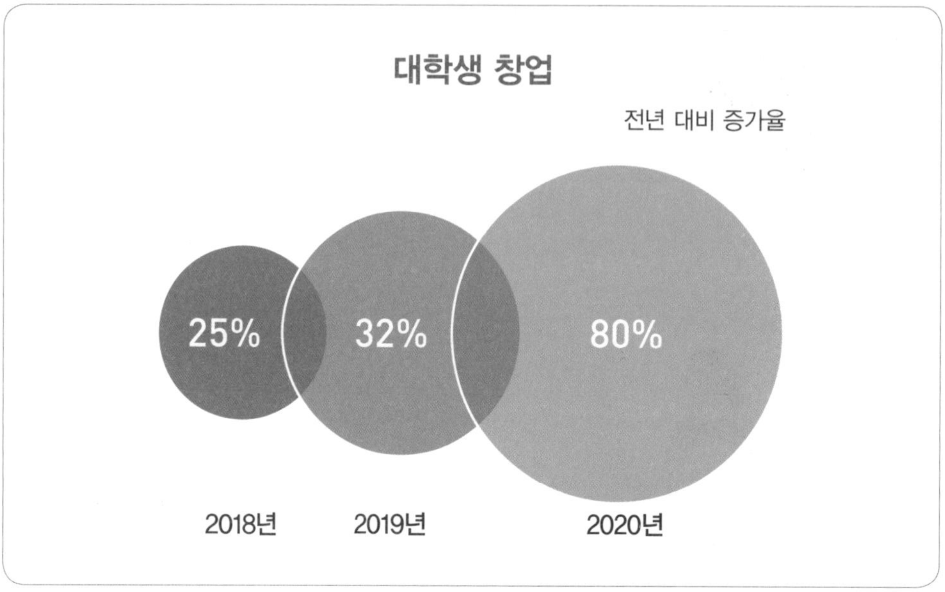

창업 계기

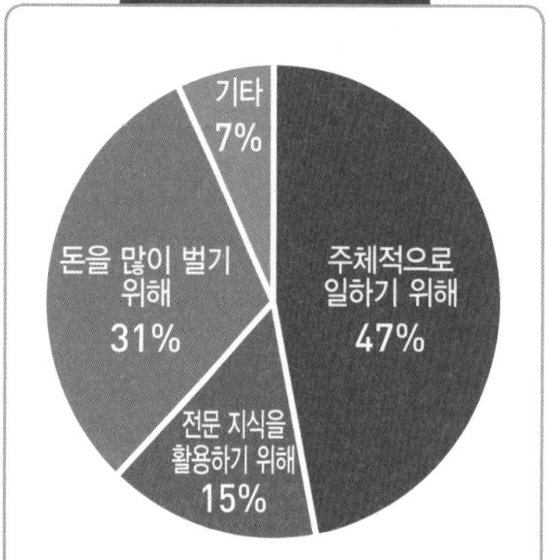
기타 7%
돈을 많이 벌기 위해 31%
전문 지식을 활용하기 위해 15%
주체적으로 일하기 위해 47%

창업 분야

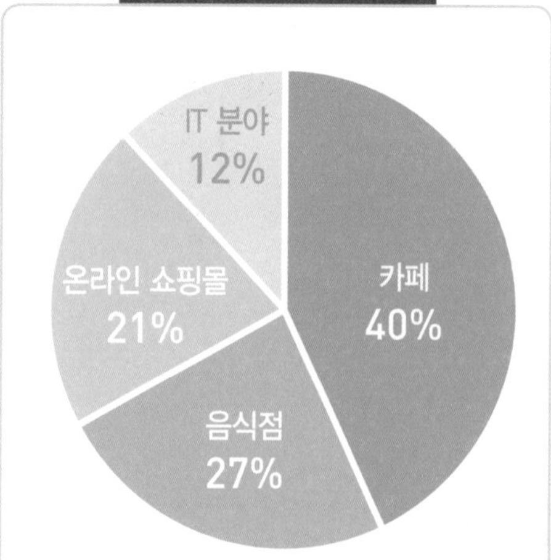
IT 분야 12%
온라인 쇼핑몰 21%
음식점 27%
카페 40%

확인

▶ 다음 질문에 ✔ 해 보세요.

질문	네	아니요
• 졸업 후에 하고 싶은 일이 있어요?	□	□
• 하고 싶은 일을 하기 위해 지금 준비하는 일이 있어요?	□	□
• 면접관의 질문에 대답할 수 있어요?	□	□

▶ 친구가 나에게 한국어를 잘한다고 칭찬했어요. 친구에게 겸손하게 말해 보세요.

-기는(요)

▶ 창업을 하면 자유롭게 일할 수 있고 돈도 많이 벌 수 있어요.
창업의 장점을 말해 보세요.

-(으)ㄴ/는 데다가

▶ 학기를 시작한 지 엊그제 같은데 벌써 한 학기가 다 끝났어요.
놀라움의 표현을 말해 보세요.

-다니

▶ 너무 긴장을 해서 면접관의 질문에 대답을 못 했어요. 후회의 표현을 말해 보세요.

-았/었어야 했는데

7과

제목

대화

문법

과제

표현

문화

8과
방학

1. 여러분은 지난 방학에 무엇을 했어요?
2. 여러분은 이번 방학에 무엇을 하고 싶어요?
3. 대학생은 방학을 어떻게 보내야 할까요?

이 단원에서 무엇을 배울까?

- 다양한 방학 활동에 대해 알 수 있다.
- 방학 계획을 구체적으로 세울 수 있다.

대화 1

조위 이번 방학에 특별한 계획 있어?

흐엉 응. 난 이번에 사물놀이를 배우려고 해.

조위 사물놀이를 **배운다고?** 그거 **어려울 텐데.**

흐엉 나도 알아. 근데 예전부터 꼭 배우고 싶었어.

–다고?, (이)라고?

A 이번 방학에 나하고 템플스테이 같이 할래?

B 응? **템플스테이라고?** 그게 뭐야?

A 템플스테이는 절에서 며칠 정도 생활을 해 보는 거야.

–(으)ㄹ 텐데, 일 텐데

A 다음 주에 대학 음악제 하는데 같이 갈래?

B 나도 가고 싶은데 안 될 것 같아. 방학 시작하자마자 고향에 가거든.

A 아쉽네. 너도 같이 가면 **좋을 텐데.**

사물놀이 : 장구를 치다, 꽹과리를 치다, 북을 치다, 징을 치다

여러분은 어떤 활동에 관심이 있어요? 친구와 이야기해 보세요.

1 유기견 보호소 봉사 / 도움이 되다

2 대학생 인턴 활동 / 경험을 쌓다

3 한방 체험 / ______________________

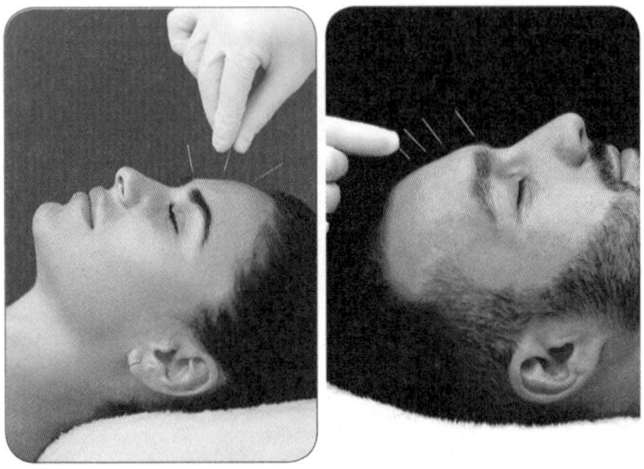

4 __________ / __________

1

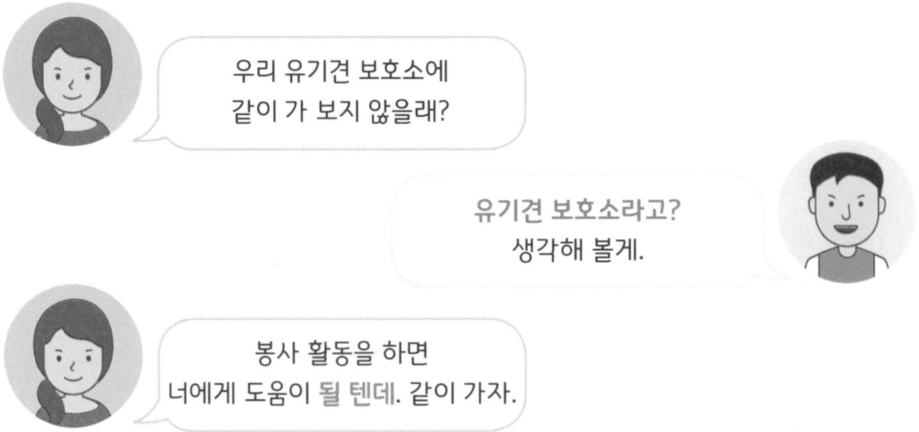

우리 유기견 보호소에 같이 가 보지 않을래?
유기견 보호소라고? 생각해 볼게.
봉사 활동을 하면 너에게 도움이 될 텐데. 같이 가자.

뜸을 뜨다 | 침을 맞다 | 한약을 먹다 | 한방 | 한의학

대화 2

흐엉 이번 방학에 고향 친구들하고 제주도로 여행 간다면서?

조위 응. 우리 고향은 한국에서 **가까운 편이라서** 고향 친구들이 자주 와.

흐엉 좋겠다. 그런데 제주도는 숙박비가 비싸지 않니?

조위 나도 그렇게 생각했는데 **여행사를 통해서** 싸고 깨끗한 숙소를 구했어.

-(으)ㄴ/는 편이다

A 지난주에 친구들하고 서울은 잘 다녀왔어? 어디가 가장 좋았어?

B 인사동이 볼거리와 먹거리가 **다양한 편이라서** 가장 좋았어.

을/를 통해(서)

A 이번 학기 수업 정말 재미있지 않았니?

B 응. 정말 재미있었어. 난 **이 수업을 통해** 한국어 말하기에 자신이 생겼어.

여행 비용 | 숙박비 | 교통비 | 식비
볼거리 | 먹거리(먹을거리) | 생각거리 | 이야깃거리
자신이 생기다 | 자신감을 얻다

이번 방학 동안 여행을 가려고 해요.
여행 상품을 보고 고객과 직원이 되어 이야기해 보세요.

	신라 역사 탐방	전주 문화 체험	제주 스포츠 체험
장소	경주	전주	제주도
경비	20만 원	25만 원	50만 원
숙소 종류	호텔 (1박 2일)	한옥 (1박 2일)	호텔 (2박 3일)
활동	경주 박물관 밀레니엄 파크 문화 엑스포	전주 한옥 마을 한복 입기 체험 한식 만들기 체험	말 타기 체험 해양 스포츠 체험

* 모든 가격은 1인 기준입니다.
경비에는 숙박비, 식비(조식), 교통비, 활동비가 포함되어 있습니다.

어서 오세요.
무엇을 도와 드릴까요?

저는 한국 문화에 관심이
많은 편인데요. 여행도 하고
문화를 배울 수 있는 상품 있어요?

신라 역사 탐방은 어떠세요?
이 상품을 통해서 박물관도 볼 수 있고
밀레니엄 파크도 갈 수 있어요.
모두 한국 문화와 관련된 곳이에요.

해양 스포츠 : 수상 스키, 스킨스쿠버, 서핑, 카약

과제 1 2 3 4

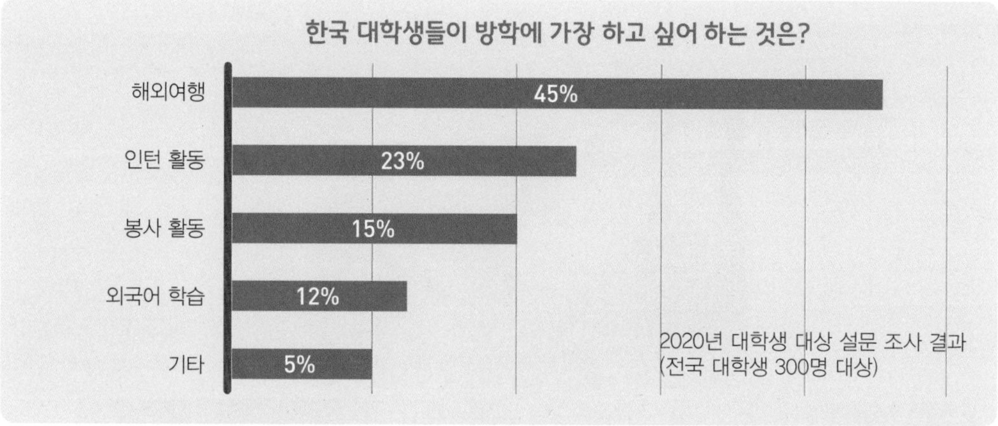

⚀ 한국 대학생들이 방학에 가장 많이 하는 것은 뭐예요?

⚁ 여러분의 예상과 같아요? 다르면 무엇이 달라요?

과제 1 2 3 4

⚀ 방학 때 무엇을 하고 싶어요?

⚁ 방학 때 하고 싶은 일을 이야기해 보세요.

나는 한국 음식에 관심이 **많은 편이라서**
한국 요리를 만드는 방법을 배우고 싶어.

나는……

과제 1 2 3 4

● 조원들과 함께 방학 계획을 이야기해 보세요.

친구 1

친구 2

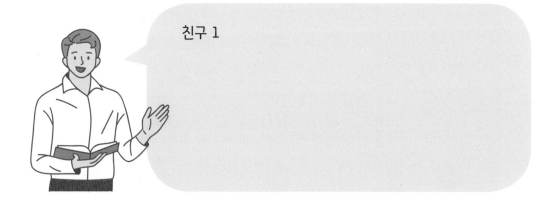

●● 친구들의 계획에 대해 의견을 나누어 보세요.

계획에서 좋은 점

1. ______________________

2. ______________________

3. ______________________

계획에서 부족한 점

1. ______________________

2. ______________________

3. ______________________

과제 1 2 3 4

[•] 방학 동안 조원들과 함께 할 수 있는 계획을 만들어 보세요.

활동 내용	
활동 일시	
활동 장소	
하고 싶은 이유	

[••] 친구와 함께 만든 이번 방학 계획을 발표해 보세요.

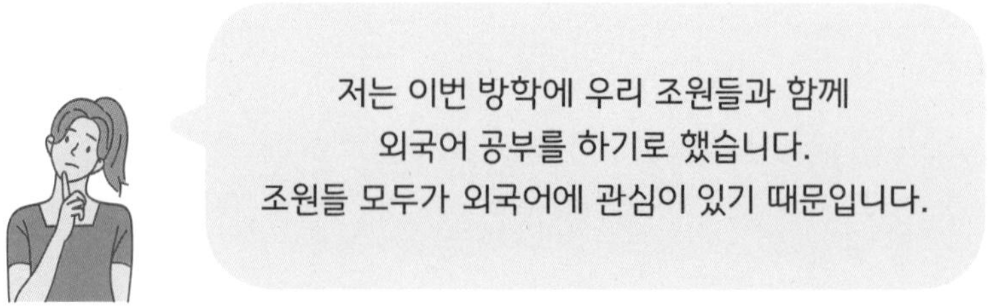
저는 이번 방학에 우리 조원들과 함께
외국어 공부를 하기로 했습니다.
조원들 모두가 외국어에 관심이 있기 때문입니다.

표현

▶ 매개체를 말할 때

- **선배를 통해서** 그 소식을 들었다. (O)
- **선배로부터** 그 소식을 들었다. (O)

- 돈을 **은행을 통해서** 빌렸다. (O)
- 돈을 **은행으로부터** 빌렸다. (O)

▶ 수단이나 방법

- **이메일을 통해** 친구와 연락했다. (O)
- **이메일로부터** 친구와 연락했다. (×)

- 합격자 발표를 **인터넷을 통해** 확인했다. (O)
- 합격자 발표를 **인터넷으로부터** 확인했다. (×)

문화

방학을 활용한 창업

김태용 씨는 대학교 3학년 여름 방학 때 온라인 오토바이 가게를 열었다. 평소 오토바이를 좋아하던 김태용 씨는 여름에 쓸 헬멧을 사려다가 좋은 제품을 찾지 못해 스스로 헬멧을 만들었다.

방학에 따는 자격증

손진우 씨는 지난 겨울 방학에 ITQ DIAT 자격 시험에 합격했다. 손진우 씨는 방학마다 자격증을 2개씩 따겠다고 결심했다.

방학에는 문화 체험

히우 씨는 지난 여름 방학에 외국인 손글씨 쓰기 대회에 참가했다. 평소 예쁜 글씨를 쓰던 히우 씨는 대회에서 1등을 차지했다.

확인

▶ 다음 질문에 ✔ 해 보세요.

질문	네	아니요
• 방학에 어떤 활동을 할 수 있는지 말할 수 있어요?	□	□
• 여러분이 하고 싶은 방학 활동을 말할 수 있어요?	□	□
• 친구들과 함께 방학 계획을 세울 수 있어요?	□	□

▶ 친구가 갑자기 청첩장을 주면서 결혼식에 초대해요. 어떻게 말할까요?

-다고?, (이)라고?

▶ 친구가 잠을 줄이면서 야간 아르바이트를 한다고 해요. 친구가 걱정될 때 뭐라고 말할까요?

-(으)ㄹ 텐데

▶ 저는 보통 7시에 일어나고 동생은 8시에 일어나요. 어떻게 말하면 좋을까요?

-(으)ㄴ/는 편이다

▶ 한 학기 수업이 끝났어요. 어땠어요?

을/를 통해(서)

8과

제목

대화

문법

과제

표현

문화

슬기로운 유학생의 **한국어 말하기** — 대학생활 편 —

초판 발행 2021년 3월 12일
초판 2쇄 2023년 3월 24일

저자 서희정, 김도연, 김운옥, 황사윤
감수자 이미향, 박수진, 손시진, 이수영
편집 권이준, 양승주, 김아영
펴낸이 엄태상
디자인 진지화
조판 디자인마루
콘텐츠 제작 김선웅, 장형진, 조현준
마케팅본부 이승욱, 왕성석, 노원준, 조성민, 이선민
경영기획 조성근, 최성훈, 정다운, 김다미, 최수진, 오희연
물류 정종진, 윤덕현, 신승진, 구윤주

펴낸곳 한글파크
주소 서울시 종로구 자하문로 300 시사빌딩
주문 및 교재문의 1588-1582
팩스 0502-989-9592
홈페이지 www.sisabooks.com
이메일 book_korean@sisadream.com
등록일자 2000년 8월 17일
등록번호 제300-2014-90호

ISBN 978-89-5518-854-7 (13710)

* 한글파크는 랭기지플러스의 임프린트사이며, 한국어 전문 서적 출판 브랜드입니다.